NIEMIECKI DLA SPAWACZY

Magdalena Walas

Magdalena Walas
Niemiecki dla spawaczy

ISBN 978-3-7322-9869-3
© 2014 Magdalena Walas

Herstellung und Verlag: BoD – Books on Demand, Norderstedt
Printed in Germany

SPIS TREŚCI

Podstawowe zasady wymowy niemieckiej

Głoska	Przybliżona wymowa	Przykład
ä	e	der Bär (niedźwiedź)
ö	oe (uproszczona wymowa – jak y)	können (potrafić)
ü	y/i	müssen (musieć)

ei	- aj	mein (mój)
ie	- i	wie (jak)
eu	- oj	neun (9)
äu	- oj	er läuft

g	- jak g - miękko ś	Georg zwanzig
h	- jah h - zanika po samogłosce	hundert Kuh (krowa) , Ruhe (spokój)
r	- słyszalne, jeśli jest podwójne - zanikowe	wirr der, wer
s	- jak z (na początku) - jak s (w środku i na końcu wyrazów)	suchen gestern, was
z	- c	zehn (10)

ck	k	Rock
dt	t	Stadt
ng	n/g	Junge
ph	f	Philosoph*
st	szt (na początku wyrazów)	Stunde, Stadt
sp	szp (na początku wyrazów)	spielen
tsch	cz	Deutschland
sch	sz	Die Schule
ch	- jak ch po a, o , u , au	Dach, Koch, Buch, rauchen

Skróty zastosowane w książce:
r. – der, rodzajnik określony dla rodzaju męskiego
e. – die, rodzajnik określony dla rodzaju żeńskiego
s. – das, rodzajnik określony dla rodzaju nijakiego

SZUKANIE PRACY | JOBSUCHE

arbeitslos sein – być bezrobotnym
Ich bin zur Zeit arbeitslos.
Jestem obecnie bezrobotny.

eine Arbeit suchen – szukać pracy
Ich suche Arbeit als Schweißer.
Szukam pracy jako spawacz.

e. Stellenanzeige – ogłoszenie o pracę
In der Stellenanzeige beschreiben Sie einen Aufgabenbereich, der meinen Fähigkeiten entspricht.
W ogłoszeniu o pracę opisują Państwo zakres zadań, który odpowiada moim umiejętnościom.

s. Stellenangebot – oferta pracy
Ich habe mit großem Interesse Ihr Stellenangebot in der Zeitung gelesen.
Z dużym zainteresowaniem przeczytałem w gazecie Państwa ofertę pracy.

**übers Internet eine Stellenangebot finden –
znaleźć ofertę pracy przez Internet**
Ihr Stellenangebot habe ich über das Internet gefunden.
Państwa ofertę pracy znalazłem przez Internet.

im Internet nachsehen – sprawdzać w internecie
Die Arbeitsuchende sehen immer häufiger die neuesten Stellenanzeigen im Internet nach.
Osoby szukające pracy coraz częściej sprawdzają najnowsze ogłoszenia w Internecie.

sich bewerben um – ubiegać się o
Ich möchte mich um die Stelle als Schweißer bei Ihrer Firma bewerben.
Chciałbym ubiegać się o stanowisko spawacza w Państwa firmie.

r. Beruf – zawód

Was sind Sie von Beruf?
Kim jest Pan z zawodu?

Ich bin Schweißer von Beruf.
Jestem spawaczem z zawodu.

e. Bewerbungsunterlagen – dokumenty aplikacyjne
Da ich Ihre Anforderungen erfüllen kann, sende ich meine
Bewerbungsunterlagen.
Ponieważ mogę spełnić Państwa wymagania, przesyłam swoje dokumenty
aplikacyjne.

s. Bewerbungsbrief – list motywacyjny
Dein Bewerbungsbrief muss den Wunsch wecken, dich persönlich kennen
zu lernen.
Twój list motywacyjny musi wzbudzać chęć poznania cię osobiście.

r. Lebenslauf – życiorys
Ich füge meinen Lebenslauf bei.
Załączam swój życiorys.

beilegen, beifügen – załączyć
Welche Unterlagen muss ich zusätzlich zur Bewerbung beilegen?
Jakie dokumenty muszę dołączyć dodatkowo do podania o pracę?

schicken, senden – przesłać
Soll ich die Unterlagen per E-Mail schicken?
Czy dokumenty mam przesłać e-mailem?

s. Vorstellungsgespräch – rozmowa kwalifikacyjna
Ich bin zu einem Vorstellungsgespräch eingeladen worden.
Zostałem zaproszony na rozmowę kwalifikacyjną.

erzählen – opowiadać
Erzählen Sie uns etwas über sich.
Proszę opowiedzieć nam coś o sobie.

e. Ausbildung – wykształcenie
Der Start ins Berufsleben beginnt mit der Wahl der richtigen Ausbildung.
Start w życie zawodowe zaczyna się z wyborem odpowiedniego
wykształcenia.

der Grundschulabschluss	wykształcenie podstawowe
das Abitur	wykształcenie średnie
der Hochschulabschluss	wykształcenie wyższe
die Berufsausbildung	wykształcenie zawodowe
technische Ausbildung	wykształcenie techniczne

erfolgreich – z sukcesem, z powodzeniem
Ich habe die Schule erfolgreich vor 10 Jahren abgeschlossen.
Szkołę ukończyłem z powodzeniem 10 lat temu.

e. Qualifikationen – kwalifikacje
Meine Qualifikationen entsprechen den in der Anzeige angegebenen
Anforderungen.
Moje kwalifikacje odpowiadają wymaganiom podanym w ogłoszeniu.

qualifiziert – wykwalifikowany
Ich bin für diese Arbeit entsprechend qualifiziert.
Jestem odpowiednio wykwalifikowany do tej pracy.

e. Berufserfahrung – doświadczenie zawodowe
Ich habe eine mehrjährige Berufserfahrung.
Mam wieloletnie doświadczenie zawodowe.

Erfahrung sammeln – zdobyć doświadczenie
Erste Erfahrungen im Schweißen habe ich bei der Firma... gesammelt.
Pierwsze doświadczenie w spawaniu zdobyłem w firmie...

e. Hauptaufgabe – główne zadanie
Meine Hauptaufgabe war das Schweißen im MAG-Verfahren.
Moim głównym zadaniem było spawanie metodą MAG.

verantwortlich sein – być odpowiedzialnym
Ich war für die Koordination der Arbeiten und für die Montage verantwortlich.
Byłem odpowiedzialny za koordynację prac i montaż.

r. Arbeitsplatz – miejsce pracy
An meinem letzten Arbeitsplatz zu meinen Aufgaben gehörte unter anderem
die Montage von Stahlkonstruktionen.
Na moim ostatnim miejscu pracy do moich zadań należał między innymi
montaż konstrukcji stalowych.

wechseln – zmienić
Warum wollen Sie Ihren Arbeitsplatz wechseln?
Dlaczego chce Pan/i zmienić swoje miejsce pracy?

e. Arbeit – praca
Ich hatte die leichte / schwere / interessante / langweilige Arbeit.
Miałem lekką / ciężką / interesującą / nudną pracę.

arbeiten – pracować
Bei der Firma...habe ich über 10 Jahre gearbeitet.
W firmie... pracowałem ponad 10 lat.

e. Kenntnisse – znajomość
Ich verfüge über Kenntnisse im Schweißen nach MAG und WIG.
Posiadam znajomość spawania metodą MAG i WIG.

e. Grundkenntnisse – znajomość podstawowa
Die Grundkenntnisse habe ich in allen gängigen Schweißverfahren.
Znajomość podstawową mam we wszystkich powszechnie stosowanych metodach spawania.

r. Termindruck – presja czasu
Ich habe gelernt, auch unter Termindruck zu arbeiten.
Nauczyłem się pracować też pod presją czasu.

sich bemühen – starać się
Ich bemühe mich immmer genau meine Arbeit auszuführen.
Staram się zawsze dokładnie wykonywać swoją pracę.

sich weiterentwickeln – rozwijać się dalej
Ich möchte meine Ausbildung erweitern und mich beruflich weiterentwickeln.
Chciałbym poszerzyć swoje wykształcenie i dalej rozwijać się zawodowo.

Kurse und Schulungen – kursy i szkolenia
Ich habe an vielen Kursen und Schulungen teilgenommen und mich so zusätzlich qualifiziert.
Brałem udział w wielu kursach i szkoleniach i w ten sposób dodatkowo podniosłem swoje kwalifikacje.

eine Prüfung bestehen – zdać egzamin
Ich habe die von TÜV ausgefürte Prüfung bestanden und besitze ein gültiges Schweißerzertifikat.
Zdałem egzamin przeprowadzany przez TÜV i posiadam ważny certyfikat.

s. Schweißer-Zertifikat – certyfikat spawalniczy
Mit einem Zertifikat wird die Kompetenz des Schweißers zur richtigen Ausführung einer Schweißnaht bestätigt.
Certyfikatem potwierdza się kompetencje spawacza do prawidłowego wykonania spawu.

e. technische Zeichnung – rysunek techniczny
Gute Kenntnisse der technischen Zeichnung ist erforderlich.
Wymagana jest dobra znajomość rysunku technicznego.

s. Zeugnis – świadectwo
Das Schweißzeugnis muss vor Beginn der Arbeiten vorgelegt werden.
Świadectwo spawacza musi zostać przedłożone przed rozpoczęciem prac.

e. Berechtigung zu – uprawnienie do
Ich verfüge über die Berechtigung zur Führung von Gabelstaplern.
Posiadam uprawnienie do obsługi wózków widłowych.

können - móc, potrafić
Ich kann Baumaschienen bedienen.
Potrafię obsługiwać sprzęt budowlany.

e. Fremdsprache – język obcy

Welche Fremdsprachen
kannst du?
Jakie znasz języki obce?

Ich kann Deutsch. Polnisch
ist meine Muttersprache.
Znam niemiecki. Polski jest
moim językiem ojczystym.

eine Fremdsprache lernen – uczyć się języka obcego
Ein Auslandsaufenthalt gibt die beste Möglichkeit die Sprache schnell und
effektiv zu lernen.
Pobyt za granicą daje najlepszą możliwość nauczenia się języka szybko
i efektywnie.

e. Fremdsprachenkenntnisse – znajomość języków obcych
Ich musste meine Sprachkenntnisse nachweisen.
Musiałem udokumentować znajomość języka.

Grundkenntnisse	znajomość podstawowa
Gute Kenntnisse	dobra znajomość
Sehr gute Kenntnisse	bardzo dobra znajomość
Fließend	płynny
Verhandlungssicher	biegły
Muttersprache	język ojczysty

r. Führerschein – prawo jazdy
Ihm wurde sein Führerschein entzogen.   Haben Sie einen Führerschein?
Zabrano mu prawo jazdy.   Czy ma Pan prawo jazdy?

erwünscht – mile widziany
Gute Deutschkenntnisse in Wort und Schrift ist immer erwünscht.
Dobra znajomość niemieckiego w mowie i piśmie jest zawsze mile widziana.

erwarten – oczekiwać
Wir erwarten von Ihnen eigenständiges Arbeiten, Verfügbarkeit und
Zuverlässigkeit.
Oczekujemy od Pana samodzielnej pracy, dyspozycyjności i niezawodności.

e. Gehaltsvorstellungen – oczekiwania płacowe
Meine Gehaltsvorstellungen liegen zwischen …€ und …€ im Monat.
Moje oczekiwania płacowe mieszczą się między …€ a …€ w miesiącu.

verdienen – zarabiać
Wo verdient man in Deutschland am besten?
Gdzie w Niemczech zarabia się najlepiej?

einen guten Eindruck machen – zrobić dobre wrażenie
Ich hoffe, dass ich einen guten Eindruck gemacht habe.
Mam nadzieję, że zrobiłem dobre wrażenie.

beschäftigen – zatrudniać
Seit wann bin ich beschäftigt?
Od kiedy będę zatrudniony?

anstellen – zatrudniać
Eine deutsche Firma stellt Personen mit technischer Ausbildung an.
Niemiecka firma zatrudni osoby z wykształceniem technicznym.

sichern – zapewniać
Sichern Sie Unterkunft / Hinfahrt / Verpflegung?
Czy zapewniacie zakwaterowanie / dojazd do pracy / wyżywienie?

versichern - ubezpieczać
Wo bin ich versichert?
Gdzie będę ubezpieczony?

r. Eintrittstermin – termin rozpoczęcia pracy
Der früheste Eintrittstermin ist 1 September / ab sofort.
Najwcześniejszy termin rozpoczęcia pracy to 1 września / od zaraz.

r. Arbeitsvertrag – umowa o pracę
Für wie lange wird der Arbeitsvertrag unterschrieben?
Na jaki okres zostanie podpisana umowa o pracę?

ein Formular ausfüllen – wypełnić formularz
Welches Formular muss ich ausfüllen?
Jaki formularz muszę wypełnić?

unterschreiben – podpisać się
Wo soll ich unterschreiben?
Gdzie mam się podpisać?

e. Unterschrift – podpis
Mit meiner Unterschrift bestätige ich die Richtigkeit und Vollständigkeit der
vorstehenden Angaben.
Swoim podpisem potwierdzam zgodność i kompletność powyższych danych.

s. Kindergeld – zasiłek rodzinny na dzieci
Wie hoch ist das Kindergeld und wie lange kann ich es beziehen?
Jak wysoki jest zasiłek na dzieci i jak długo mogę go pobierać?

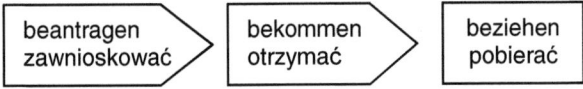

r. Anspruch auf – prawo do
Ein Anspruch auf Arbeitslosengeld besteht, wenn folgende Voraussetzungen
erfüllt sind.
Prawo do zasiłku dla bezrobotnych istnieje, jeśli spełnione są następujące
założenia.

einen Antrag stellen – złożyć wniosek
Den Antrag auf Kindergeld kann man von der Internetseite der
Arbeitsagentur herunterladen und bei der zuständigen Familienkasse
stellen.
Wniosek o zasiłek na dzieci można pobrać ze strony internetowej Urzędu
Pracy i złożyć w odpowiedniej kasie rodzinnej.

Formulardaten | Dane formularza

r. Vorname – imię
r. Nachname – nazwisko
s. Geburtsdatum – data
  urodzenia
r. Geburtsort – miejsce
  urodzenia
s. Alter – wiek
s. Geschlecht – płeć
männlich / weiblich –
  męska / żeńska
r. Familienstand – stan rodzinny
ledig – wolny(a)
verheiratet – zamężna / żonaty
verwitwet – wdowiec / wdowa
geschieden – rozwiedziony(a)

e. Nationalität – narodowość
e. Staatsangehörigkeit –
  obywatelstwo
e. Adresse, Anschrift – adres
r. Wohnort – miejsce
  zamieszkania
r. Hauptwohnsitz – stałe miejsce
  zamieszkania
r. Nebenwohnsitz – adres
  tymczasowy
e. Postleitzahl – kod pocztowy
e. Straße – ulica
e. Hausnummer – numer domu
e. Telefonnummer – numer
  telefonu

Wie heißen Sie?	Ich heiße…
Jak się Pan/i nazywa?	Nazywam się…
Wie alt sind Sie?	Ich bin 31 Jahre alt.
Ile ma Pan/i lat?	Mam 31 lat.
Wo wohnen Sie?	Ich wohne in Warschau.
Gdzie Pan/i mieszka?	Mieszkam w Warszawie.
Wie ist Ihre Adresse?	Meine Adresse latet:
Jaki jest Pana/i adres?	Mój adres brzmi:
Wie ist Ihre Telefonnummer?	Meine Telefonnummer ist *****
Jaki jest Pana/i numer telefonu?	Mój numer telefonu to *****
Woher kommen Sie?	Ich komme aus Polen.
Skąd Pan/i pochodzi?	Pochodzę z Polski.
Wann sind Sie geboren?	Ich bin am 4. April 1990 geboren.
Kiedy się Pan/i urodził/a?	Urodziłem się 4 kwietnia 1990 r.
Wo sind Sie geboren?	Ich bin in Warschau geboren.
Gdzie się Pan/i urodził/a?	Urodziłem się w Warszawie.
Welche Staatsangehörigkeit haben Sie?	Ich habe polnische Staatsangehörigkeit.
Jakie ma Pan/i obywatelstwo?	Mam polskie obywatelstwo.

ZATRUDNIENIE I ANSTELLUNG

r. Arbeitnehmer – pracownik
Laut einer Umfrage arbeitet fast die Hälfte der Arbeitnehmer im Urlaub.
Według ankiety prawie połowa pracowników pracuje na urlopie.

r. Arbeitgeber – pracodawca
Dein neuer Arbeitgeber hat das Recht, das letzte Arbeitszeugnis zu verlangen.
Twój nowy pracodawca ma prawo domagać się ostatniego świadectwa pracy.

e. Arbeitsstelle – stanowisko pracy
Wegen eines Umzuges musste ich meine bisherige Arbeitsstelle aufgeben.
Z powodu przeprowadzki musiałem zrezygnować z mojego dotychczasowego stanowiska pracy.

Festanstellung	praca stała
Aushilfsarbeit, unregelmäßige Arbeit	praca dorywcza
Vollzeitstelle	praca na pełny etat
Halbtagsstelle	praca na pół etatu

e. Vollzeit / Teilzeit – pełny etat / pół etatu
Ich arbeite in Vollzeit/Teilzeit.
Pracuję na pełnym etacie/na pół etatu.

vollzeitbeschäftigt / teilzeitbeschäftigt – zatrudniony na cały etat / zatrudniony na pół etatu
Habe ich Anspruch auf Arbeitslosengeld, wenn ich nur teilzeitbeschäftigt bin?
Czy mam prawo do zasiłku dla bezrobotnych, jeśli jestem zatrudniony tylko na pół etatu?

verdienen – zarabiać
Wie viel verdienen die Schweißer mit sehr guten Deutschkenntnisse?
Ile zarabiają spawacze z bardzo dobrą znajomością niemieckiego?

r. Stundensatz – stawka godzinowa
Da ich Anfänger bin, beträgt mein Stundensatz nur...
Ponieważ jestem początkujący, moja stawka godzinowa wynosi tylko...

r. Arbeitsvertrag – umowa o pracę
Der Arbeitsvertrag regelt alle Rechte und Pflichten eines Arbeitnehmers, sowie unter anderem, das Gehalt, die Arbeitszeit und die Anzahl der Urlaubstage.
Umowa o pracę reguluje wszystkie prawa i obowiązki pracownika oraz między innymi wynagrodzenie, czas pracy i liczbę dni urlopu.

befristeter Vertrag	umowa na czas określony
unbefristeter Vertrag	umowa na czas nieokreślony
Werksvertrag	umowa o dzieło
Dienstleistungsvertrag	umowa zlecenie

e. Vertragsbestimmungen – postanowienia umowy
Es gelten die allgemeine Vertragsbestimmungen für Bauleistungen.
Obowiązują ogólne postanowienia umowy dla usług budowlanych.

e. Probezeit – okres próbny
Ich habe eine dreimonatige Probezeit.
Mam trzymiesięczny okres próbny.

s. Arbeitsverhältnis – stosunek pracy
Wird das Arbeitsverhältnis nach Ablauf der Probezeit fortgesetzt?
Czy stosunek pracy będzie kontynuowany po upływie okresu próbnego?

einen Vertrag abschließen – zawrzeć umowę
Dieser Vertrag ist auf unbestimmte Zeit abgeschlossen.
Niniejsza umowa zawarta jest na czas nieokreślony.

den Vertrag rückgängig machen – unieważnić umowę
Wann kann der Vertrag rückgängig gemacht werden?
Kiedy umowa może zostać unieważniona?

auslaufen – wygasnąć, kończyć się
Wann läuft mein Vertrag aus?
Kiedy wygasa moja umowa?

ablaufen – tracić ważność
Bevor du zum Arzt gehst, überprüfe, ob deine Versicherungskarte nicht abgelaufen ist.
Zanim pójdziesz do lekarza, sprawdź, czy twoja karta ubezpieczeniowa nie straciła ważności.

e. Arbeitsbedingungen – warunki pracy
Jeder Arbeitnehmer hat das Recht auf sichere und würdige
Arbeitsbedingungen.
Każdy pracownik ma prawo do bezpiecznych i godnych warunków pracy.

e. Berufspflichten – obowiązki zawodowe
Zu den Berufspflichten des Arztes gehört die Einhaltung der
Verschwiegenheit.
Do obowiązków zawodowych lekarza należy zachowanie dyskrecji.

e. Aufstieg – awans
Die Karriereleiter bietet gute Chancen für den schnellen Aufstieg.
Ścieżka kariery oferuje dobre szanse do szybkiego awansu.

aufsteigen – awansować
Nach 5 Jahren bin ich zum Projektleiter aufgestiegen.
Po 5 latach awansowałem na kierownika projektu.

s. Gehalt – pensja
Wann wird das Gehalt ausgezahlt?
Kiedy będzie wypłacona pensja?

e. Gehaltserhöhung – podwyżka pensji
Mir wurde eine Gehaltserhöhung versprochen.
Miałem obiecaną podwyżkę.

r. Geschäftsführer – prezes
Nach drei Monaten wandte sich der neue Arbeitnehmer an den
Geschäftsführer und verlangte eine Gehaltserhöhung.
Po trzech miesiącach nowy pracownik zwrócił się do prezesa i zażądał
podwyżki pensji.

eine Gehaltserhöhung fordern – wystąpić o podwyżkę
Um eine Gehaltserhöhung fordern zu können, sollte man bei der Firma
mindestens ein halbes Jahr arbeiten.
Aby móc wystąpić o podwyżkę, powinno się pracować w firmie co najmniej
pół roku.

eine Gehaltserhöhung bekommen – dostać podwyżkę
Wer eine Gehaltserhöhung bekommen will, muss seinen Arbeitgeber davon
überzeugen, dass er das verdient.
Kto chce dostać podwyżkę, musi przekonać swojego pracodawcę o tym, że
zasługuje na to.

e. Belohnung / e. Strafe – nagroda / kara
Zur Belohnung für gute Arbeit erhielten alle Mitarbeiter höhere Prämie.
W nagrodę za dobrą pracę wszyscy pracownicy dostali wyższą premię.

e. Rüge / s. Lob – nagana / pochwała
Sein Chef erteilte ihm eine mündliche Rüge.
Jego szef udzielił mu ustnej nagany.

arbeitsunfähig – niezdolny do pracy
Ich bin arbeitsunfähig erkrankt.
Zachorowałem, tracąc zdolność do pracy.

arbeitsfähig – zdolny do pracy
Ich bin arbeitsfähig geschrieben worden.
Zostałem uznany za zdolnego do pracy.

e. Bescheinigung – zaświadczenie
Wenn du arbeitsunfähig krankgeschrieben bist, musst du die ärztliche
Bescheinigung dem Arbeitgeber vorlegen.
Jeśli zostaniesz uznany za niezdolnego do pracy, musisz przedłożyć
pracodawcy zaświadczenie lekarskie.

s. Krankengeld – zasiłek chorobowy
Arbeitnehmer, die wegen Krankheit arbeitsunfähig sind, erhalten
Krankengeld.
Pracownicy, którzy z powodu choroby są niezdolni do pracy, otrzymują
zasiłek chorobowy.

e. Arbeitszeit – czas pracy
Die wöchentliche Arbeitszeit beträgt ....Stunden.
Tygodniowy czas pracy wynosi ....godzin.

e. Verdienste – zarobki
Dürfen die Verdienste der Arbeitnehmer offengelegt werden?
Czy zarobki pracowników mogą zostać ujawnione?

e. Höhe des Verdienstes – wysokość zarobku
Die Höhe des Verdienstes hängt von verschiedenen Faktoren ab.
Wysokość zarobku zależy od wielu czynników.

r. Lohn – wynagrodzenie
Der Lohn für die Praktika ist nicht vorgesehen.
Wynagrodzenie za praktykę nie jest przewidziane.

16

**r. Jahreslohn / Monatslohn / Tageslohn –
wynagrodzenie roczne / miesięczne / dzienne**
Wie hoch ist der durchschnittliche Monatslohn bei Ihrer Firma?
Ile wynosi przeciętne miesięczne wynagrodzenie w Państwa firmie?

vom Lohn abziehen – potrącić z pensji
Wie viel Geld wird mir für entstandenen Schaden vom Lohn abgezogen?
Ile pieniędzy będzie mi potrącone z pensji za powstałą szkodę?

Was darf vom Lohn abgezogen werden?
Co może być potrącone z pensji?

e. Einkommensteuer – podatek dochodowy	e. Sozialversicherung – ubezpieczenie społeczne

s. Einkommen – dochód
Die Arbeitnehmer klagen über ein zu niedriges Einkommen.
Pracownicy skarżą się na zbyt niski dochód.

r. bezahlte / unbezahlte Urlaub – urlop płatny / bezpłatny
Er nahm zwei Tage Urlaub.
(On) wziął dwa dni urlopu.

kündigen – wypowiedzieć
Jede Partei hat das Recht, den Vertrag mit angemessener Frist zu kündigen.
Każda strona ma prawo wypowiedzieć umowę z zachowaniem wyznaczonego terminu.

e. Kündigung – wypowiedzenie
Er hat seine Kündigung aus wichtigem Grund eingereicht.
Złożył wypowiedzenie z ważnego powodu.

fristlos – bezterminowy
Das bedeutet eine fristlose Kündigung.
To oznacza wypowiedzenie ze skutkiem natychmiastowym.

e. Kündigungsfrist – termin wypowiedzenia
Der Vertrag kann unter Einhaltung einer dreimonatigen Kündigungsfrist aufgelöst werden.
Umowa może zostać rozwiązana z zachowaniem trzymiesięcznego wypowiedzenia.

e. Entlassung – zwolnienie z pracy
Die Entlassung erfolgte aufgrund von Konflikten im Team.
Zwolnienie nastąpiło z powodu konfliktów w zespole.

entlassen – zwalniać
Er ist aus disziplinarischen Gründen wegen unerlaubten Alkoholkonsums entlassen worden.
Został zwolniony dyscyplinarnie z powodu niedozwolonego spożycia alkoholu.

r. Personalabbau – redukcja personelu
Trotz der schwierigen Situation auf dem Markt plant unser Unternehmen keinen Personalabbau.
Mimo trudnej sytuacji na rynku nasze przedsiębiorstwo nie planuje redukcji personelu.

s. Einverständnis, Einvernehmen – porozumienie
Ich möchte den Arbeitsvertrag im gegenseitigen Einvernehmen kündigen.
Chciałbym wypowiedzieć umowę o pracę za porozumieniem stron.

s. Arbeitszeugnis – świadectwo pracy
Ein Arbeitszeugnis enthält unter anderem die durchgeführten Aufgaben und die Dauer der Beschäftigung.
Świadectwo pracy zawiera między innymi zrealizowane zadania i czas trwania zatrudnienia.

e. Referenzen – referencje
Die beste Referenzen für den Hersteller sind die Qualität seiner Erzeugnisse und Zufriedenheit der Kunden.
Najlepszymi referencjami dla producenta jest jakość jego produktów i zadowolenie klientów.

r. Vorruhestand / r. Ruhestand – wcześniejsza emerytura / emerytura
Aus gesundheitlichen Gründen müssen immer mehr Beschäftigte in den Vorruhestand gehen.
Z powodów zdrowotnych coraz więcej zatrudnionych musi iść na wcześniejszą emeryturę.

r. Rentner – emeryt, rencista
Welche Beiträge zahle ich als Rentner?
Jakie składki płacę jako emeryt?

18

W DRODZE I UNTERWEGS

losfahren – wyruszyć w drogę
Wir sind schon losgefahren.
Wyruszyliśmy już.

**mit dem Bus / Zug / Auto fahren –
jechać autobusem / pociągiem / samochodem**
Gestern sind wir mit dem Bus zur Arbeit gefahren.
Wczoraj pojechaliśmy do pracy autobusem.

sich verfahren – zgubić się, zabłądzić
Ich habe mich in der Innenstadt / bei dem Nebel verfahren.
Zabłądziłem w sródmieściu / we mgle.

nach dem Weg fragen – pytać o drogę
Ich wollte nach dem Weg zum Stadtzentrum fragen.
Chciałem zapytać o drogę do centrum miasta.

den Weg zeigen/weisen – pokazać/wskazać drogę
Zeigen Sie mir bitte den Weg auf der Karte.
Proszę mi wskazać drogę na mapie.

(nach) rechts / links abbiegen – skręcić w prawo / lewo
An der nächsten Kreuzung biegen Sie rechts ab.
Na następnym skrzyżowaniu skręcić w prawo.

geradeaus fahren – jechać prosto
Dann müssen Sie ca. 3 km geradeaus fahren.
Potem musi Pan jechać prosto ok. 3 km.

unterwegs sein – być w drodze
Ich bin schon unterwegs nach Hause.
Jestem już w drodze do domu.

sich nähern – zbliżać się
Wir nähern uns dem Hotel / dem Ziel / dem Stadtzentrum.
Zbliżamy się do hotelu / celu / centrum miasta.

weit / nah – daleko / blisko

Ist es noch weit von hier [bis zum Hotel]?
Czy daleko jeszcze stąd [do hotelu]?

Es ist nicht mehr weit.
Już niedaleko.

19

über die Grenze fahren – przejeżdżać przez granicę
Darf man mit einem gemieteten Wagen über die Grenze fahren?
Czy można przejeżdżać przez granicę wypożyczonym samochodem?

e. Umleitung – objazd
Der Verkehr wurde umgeleitet.
Ruch kierowano objazdami.

einen Umweg fahren – jechać objazdem
Der Taxifahrer ist absichtlich einen Umweg gefahren.
Kierowca taksówki celowo jechał objazdem.

auftanken – zatankować benzynę
Auf dem Weg mussten wir anhalten, um das Auto aufzutanken.
Po drodze musieliśmy się zatrzymać, żeby zatankować samochód.

volltanken – zatankować do pełna
Ist das Auto vollgetankt?
Czy samochód jest zatankowany do pełna?

e. Tankstelle – stacja benzynowa
Das ist die billigste Tankstelle in der Nähe.
To jest najtańsza stacja benzynowa w pobliżu.

Gas geben – dodać gazu
Gib Gas, sonst kommen wir zu spät zur Arbeit!
Dodaj gazu, inaczej spóźnimy się do pracy!

Gas wegnehmen – zmniejszyć gaz
Vor der Kurve soll man das Gas wegnehmen.
Przed zakrętem powinno się zmniejszyć gaz.

auf der Autobahn fahren – jechać autostradą
Wie schnell darf man auf der deutschen Autobahn fahren?
Jak szybko można jechać na niemieckiej autostradzie?

e. Richtung – kierunek
In welche Richtung muß ich fahren?
W jakim kierunku muszę jechać?

r. Weg – droga
Wir haben noch zwei Stunden Weg vor uns.
Mamy jeszcze dwie godziny drogi.

e. Ausfahrt – wyjazd
Die Ausfahrt ist nicht ausgeschildert, obwohl die Autobahn für den Verkehr
freigegeben ist.
Wyjazd nie jest oznakowany, chociaż autostrada jest oddana do ruchu.

e. Strecke – odcinek drogi, odległość
Wegen Bauarbeiten wird die Strecke Wedding–Tegel am kommenden
Wochenende gesperrt.
Z powodu prac budowlanych odcinek Wedding–Tegel w przyszły weekend
będzie zamknięty.

e. Spur – pas ruchu
Der Fahrer wollte die Spur wechseln, ohne vorher in den Spiegel zu blicken.
Kierowca chciał zmienić pas bez spojrzenia wcześniej w lusterko.

auf der linken Spur fahren – jechać lewym pasem
Man darf nicht auf der linken Spur fahren, es sei denn, man überholt.
Nie można jechać lewym pasem, chyba że się wyprzedza.

r. Kreisverkehr – ruch okrężny, rondo
Beim nächsten Kreisverkehr die erste Ausfahrt nehmen.
Przy następnym rondzie wybrać pierwszy zjazd.

vorbeikommen bei – wstąpić do
Vielleicht schaffen wir es auf dem Rückweg beim Baumarkt
vorbeizukommen.
Może w drodze powrotnej damy radę wstąpić do marketu budowlanego.

**vorbeikommen an / vorbeifahren an –
przechodzić obok / przejeżdżać obok**
Ich fahre am Einkaufszentrum vorbei.
Przejeżdżam obok centrum handlowego.

zurücklegen – przebyć, pokonywać
Wir legen einen langen Weg zwischen der Baustelle und dem Wohnort
zurück.
Pokonujemy długą drogę między budową a miejscem zamieszkania.

müde – zmęczony
Fast jeder Autofahrer kann sich an Situationen erinnern, in denen er
am Steuer so müde war, dass er fast eingeschlafen ist.
Prawie każdy kierowca może przypomnieć sobie sytuacje, w których był tak
zmęczony za kierownicą, że prawie zasnął.

sich erholen – odpocząć
Ich bin schon sehr müde, ich muss mich erholen.
Jestem już bardzo zmęczony, muszę odpocząć.

anhalten – zatrzymać się
Halte an der nächsten Tankstelle an.
Zatrzymaj się na następnej stacji benzynowej.

einparken – zaparkować
Ich konnte nirgends einen Parkplatz finden.
Nigdzie nie mogłem znaleźć miejsca parkingowego.
[Nie miałam gdzie zaparkować].

r. Strafzettel – mandat
Ich bekam einen Strafzettel für falsches Parken / für zu schnelles Fahren.
Dostałem mandat za złe parkowanie / za zbyt szybką jazdę.

e. Verkehrskontrolle – kontrola drogowa
"Führerschein und Fahrzeugpapiere bitte", so beginnt fast jede
Polizeikontrolle.
„Prawo jazdy i dokumenty pojazdu proszę", tak zaczyna się prawie każda
kontrola policji.

r. Personalausweis Dowód osobisty	r. Führerschein Prawo jazdy	r. Kraftfahrzeugschein Dowód rejestracyjny

e. Geschwindigkeitsüberschreitung – przekroczenie prędkości
Ich musste ein Bußgeld wegen Geschwindigkeitsüberschreitung zahlen.
Musiałem zapłacić mandat za przekroczenie prędkości.

die Höchstgeschwindigkeit überschreiten –
przekroczyć dozwoloną prędkość
Um wie viele km/h habe ich die Höchstgeschwindigkeit überschritten?
O ile km/h przekroczyłem dozwoloną prędkość?

s. Manöver – manewr
Nach einem riskanten Überholmanöver ist ein Mann ums Leben gekommen.
Po ryzykownym manewrze wyprzedzania zginął mężczyzna.

e. Vorfahrt – pierwszeństwo przejazdu
Am Zebrastreifen haben Fußgänger „Vorfahrt".
Na pasach piesi mają pierwszeństwo.

22

die Vorfahrt nehmen – wymusić pierwszeństwo
Nachdem die Vorfahrt genommen wurde, ist ein 19-jährige Autofahrer bei einem Unfall schwer verletzt worden.
Po tym, jak wymuszono pierwszeństwo, w wypadku został ciężko ranny 19-letni kierowca samochodu.

die Vorfahrt gewähren – udzielić pierwszeństwa
Als der Autofahrer sah, dass der Radfahrer ihm die Vorfahrt nicht gewährt, trat er voll auf die Bremse.
Kiedy kierowca samochodu zobaczył, że rowerzysta nie udzieli mu pierwszeństwa, nacisnął z całą siłą na hamulec.

bremsen – hamować
Ich musste scharf bremsen, um das Auto rechtzeitig zum Stillstand zu bringen.
Musiałem ostro hamować, żeby zatrzymać samochód na czas.

r. Verkehrsunfall – wypadek drogowy
Ein riskantes Überholmanöver hat zu einem Unfall geführt.
Ryzykowny manewr wyprzedzania doprowadził do wypadku.

verursachen – spowodować
Ich bin versehentlich über Rot gefahren und habe einen Unfall verursacht.
Nieumyślnie przejechałem na czerwonym i spowodowałem wypadek.

einen Unfall haben – mieć wypadek
Ich hatte einen Unfall.
Miałem wypadek.

einen Unfall melden – zgłosić wypadek
Ich will den Unfall der Polizei melden.
Chcę zgłosić wypadek policji.

die Polizei rufen – zadzwonić na policję
Wenn beim Unfall niemand verletzt wurde, muss man die Polizei nicht rufen.
Jeśli w wypadku nikt nie został ranny, nie trzeba dzwonić na policję.

den Krankenwagen rufen – zadzwonić po karetkę
Wenn du einen Krankenwagen rufst, braucht die Rettungszentrale ein paar wichtige Angaben von dir.
Jeśli dzwonisz po karetkę, centrala pogotowia potrzebuje od ciebie kilka ważnych informacji.

passieren – wydarzyć się, zdarzyć się

> Was ist passiert?
> Co się stało?

> An der Kreuzung ist ein Unfall passiert.
> Na skrzyżowaniu zdarzył się wypadek.

zusammenstoßen – zderzyć się
Auf der Straße...in Richtung...sind drei Autos zusammengestoßen.
Na ulicy...w kierunku... zderzyły się trzy samochody.

verletzt – ranny
Beim Unfall sind drei Personen schwer / leicht verletzt worden.
W wypadku ciężko / lekko ranne zostały trzy osoby.

erste Hilfe – pierwsza pomoc
Leisten Sie erste Hilfe und rufen Sie bei Bedarf die Polizei.
Proszę udzielić pierwszej pomocy i w razie potrzeby zadzwonić po policję.

sperren – zamknąć, zablokować
Die Straße musste nach dem Unfall gesperrt werden.
Po wypadku ulica musiała zostać zamknięta.

r. Verkehrsstau – korek uliczny
Wegen Verkehrsstau müssen die Reisende mit Verspätungen rechnen.
Z powodu korku ulicznego podróżni muszą liczyć się z opóźnieniami.

im Stau stehen – stać w korku
Knapp 70 Stunden pro Jahr steht jeder deutsche Autofahrer im Stau.
Prawie 70 godzin rocznie każdy niemiecki kierowca stoi w korku.

im Stau stecken – utknąć w korku
Ich bin im Stau stecken geblieben.
Utknąłem w korku.

e. Verspätung – spóźnienie
Wir haben eine Stunde Verspätung.   Entschuldigung für meine Verspätung!
Mamy godzinę spóźnienia.   Przepraszam za spóźnienie!

r. Unfallverursacher – sprawca wypadku
Der Unfallverursacher ist unbekannt.
Sprawca wypadku jest nieznany.

e. Versicherung – ubezpieczenie
Ein Vergleich der Versicherungen lohnt sich.
Porównanie ubezpieczeń opłaca się.

Unfallversicherung - ubezpieczenie od następstw nieszczęśliwych wypadków	Haftpflichtversicherung - ubezpieczenie od odpowiedzialności cywilnej

r. Schaden – szkoda
Bei dem Unfall wurde keine Person verletzt aber es entstand Sachschaden in Höhe von 5.000 €.
W wypadku nie została ranna żadna osoba, ale powstała szkoda rzeczowa w wysokości 5.000 €.

die Kosten übernehmen – pokryć koszty
Wer übernimmt die Kosten?
Kto pokryje koszty?

r. Schadenersatz – odszkodowanie
Welcher Schadensersatz steht mir nach dem Verkehrsunfall mit meinem Auto zu?
Jakie odszkodowanie przysługuje mi po wypadku moim samochodem?

e. Panne – uszkodzenie, awaria
Mein Auto hat eine Panne.
Samochód mi się zepsuł.

Der Motor ist kaputtgegangen.	Silnik się popsuł.
Der Motor läuft heiß.	Silnik się przegrzewa.
Der Akku ist leer.	Akumulator się rozładował.
Der Keilriemen ist gerissen.	Zerwał się pasek klinowy.
Der Kühlerschlauch ist geplatzt.	Pękł wąż do chłodnicy.
Das Öl läuft aus.	Wycieka olej.
Meine Scheinwerfer / Schlusslichter funktionieren nicht.	Przednie/tylne światła nie działają.
Es gibt ein Problem mit der Servolenkung.	Jest problem ze wspomaganiem kierownicy.
Das Getriebe funktioniert nicht richtig.	Skrzynia biegów nie działa prawidłowo.
Die Lenkung zieht nach links/rechts.	Układ kierowniczy ściąga w lewo/w prawo.
Die Bremse funktioniert nicht.	Nie działa hamulec.
Das Benzin ist alle.	Benzyna się skończyła.

defekt / kaputt sein – być wadliwym, uszkodzonym
Woran erkennt man genau, dass der Kühler defekt ist?
Po czym dokładnie rozpoznaje się, że chłodnica jest uszkodzona?

e. Reifenpanne – przebicie opony
Ich hatte eine Reifenpanne.
Miałem przebicie opony [Złapałem gumę].

an den Straßenrand fahren – zjechać na pobocze
Wenn man unterwegs eine Panne hat, muss man an den Straßenrand
fahren und auf Hilfe warten.
Jeśli po drodze ma się awarię, trzeba zjechać na pobocze i zaczekać na
pomoc.

ausschalten – wyłączyć
An roten Ampeln schalte ich manchmal den Motor aus.
Na czerwonych światłach czasami wyłączam silnik.

einschalten – włączyć
Der Motor lässt sich nicht einschalten.
Silnik nie może się włączyć (uruchomić).

einen Schaden reparieren – naprawić uszkodzenie
Gibt es in der Gegend jemanden, der mir den Schaden reparieren könnte?
Czy jest ktoś w okolicy, kto mógłby mi naprawić uszkodzenie?

r. Pannendienst – pomoc drogowa
Der Pannendienst ist eine mobile Autowerkstatt, die Fahrern zu Hilfe kommt.
Pomoc drogowa to mobilny warsztat samochodowy, który przybywa
kierowcom z pomocą.

r. Abschleppdienst – pomoc drogowa (autoholowanie)
Ich denke, wir sollen den Abschleppdienst anrufen.
Myślę, że powinniśmy zadzwonić po pomoc drogową.

abschleppen – odholować
Wenn ein Auto falsch geparkt ist, kann es abgeschleppt werden.
Jeśli samochód zaparkowany jest nieprawidłowo, może zostać odholowany.

s. Abschleppseil – linka holownicza
Am Straßenrand wartet ein Mann mit Abschleppseil auf Hilfe.
Na skraju ulicy mężczyzna z linką holowniczą czeka na pomoc.

e. Autowerkstatt – warsztat samochodowy
Könnten Sie meinen Wagen zur nächsten Werkstatt abschleppen?
Czy mógłby Pan/i odholować mój samochód do najbliższego warsztatu?

e. Fahrkarte kaufen – kupować bilet
Wo kann man Fahrkarten kaufen?
Gdzie można kupić bilety?
Die Fahrkarten kann man rund um die Uhr online kaufen.
Bilety można kupić online przez całą dobę.

Bitte eine Fahrkarte nach...	Poproszę jeden bilet do...
einfach oder hin und zurück?	w jedną stronę czy tam i z powrotem?
Wann fährt der Zug nach Warschau ab?	Kiedy odjeżdża pociąg do Warszawy?
Wie lange dauert die Reise?	Jak długo trwa podróż?
Muss ich umsteigen?	Czy muszę się przesiadać?
Um wie viel Uhr kommt der Zug an?	O której godzinie pociąg jest na miejscu?
Was kostet die Fahrkarte?	Ile kosztuje bilet?
Von welchem Gleis / Bahnsteig fährt der Zug ab?	Z jakiego toru / peronu odjeżdża pociąg?

einen Fahrschein entwerten – kasować bilet
Nach dem Einsteigen sofort den Fahrschein entwerten.
Po wejściu natychmiast skasować bilet.

e. Fahrkartenkontrolle, Fahrscheinkontrolle – kontrola biletów
Wenn man bei einer Fahrscheinkontrolle keinen gültigen Fahrschein vorweisen kann, muss man mit einer Gebühr in Höhe von... rechnen.
Jeśli w czasie kontroli biletów nie można okazać ważnego biletu, trzeba liczyć się z opłatą w wysokości...

gültig – ważny, aktualny
Die Fahrkarte ist nicht mehr gültig.
Ten bilet jest już nieważny.

s. [öffentliches] Verkehrsmittel – [publiczny] środek komunikacji
Das Stadtzentrum ist mit öffentlichen Verkehrsmitteln rasch und bequem erreichbar.
Do centrum miasta dojeżdża się szybko i wygodnie publicznymi środkami komunikacji.

e Haltestelle – przystanek
An welcher Haltestelle muss ich aussteigen?
Na jakim przystanku muszę wysiąść?

Bushaltestelle	przystanek autobusowy
Straßenbahnhaltestelle	przystanek tramwajowy
Endhaltestelle	przystanek końcowy
Bedarfshaltestelle	przystanek na żądanie

einen Flug / Zug verpassen – spóźnić się na samolot / pociąg
Beeile dich, sonst verpassen wir den Zug.
Pośpiesz się, inaczej spóźnimy się na pociąg.

das Gepäck zur Aufbewahrung abgeben –
oddać bagaż do przechowalni
Die Gepäcke kann man kostenlos zur Aufbewahrung abgeben.
Bagaże można bezpłatnie oddać do przechowalni.

abholen – odebrać
Auf Wunsch können wir Sie vom Bahnhof abholen und zum Hotel bringen.
Na życzenie możemy Państwa odebrać z dworca i zawieźć do hotelu.

e. Gebühr – opłata
Wie hoch ist die Gebühr
Ile wynosi opłata
- für die Gepäckbeförderung – za przewóz bagażu
- für die Gepäckaufbewahrung – za przechowanie bagażu
- für das Parken – za parkowanie

befinden sich – znajdować się

Wo befindet sich ein Taxistand / eine Post / Bushaltestelle? Gdzie znajduje się postój taksówek / poczta / przystanek?	Die Bushaltestelle befindet sich dem Hotel gegenüber / in der Nähe. Przystanek autobusowy znajduje się naprzeciwko hotelu / w pobliżu.

einsteigen – wsiąść
Es ist mir aufgefallen, dass ich aus Versehen in den falschen Bus eingestiegen bin.
Zauważyłem, że przez pomyłkę wsiadłem do niewłaściwego autobusu.

28

aussteiegen – wysiąść
Wie heißt die Haltestelle, an der ich aussteigen muss?
Jak nazywa się przystanek, na którym muszę wysiąść?

eine Haltestelle verpassen – przejechać, przegapić przystanek
Es hat sich herausgestellt, dass ich die Haltestelle verpasst habe.
Okazało się, że przegapiłem przystanek.

Fährt die Straßenbahn zum Bahnhof / durch das Zentrum?	Czy ten tramwaj jedzie na dworzec / przez centrum?
Fährt dieser Bus nach Leipzig?	Czy ten autobus jedzie do Lipska?
Fahren heute keine Busse?	Czy dzisiaj nie kursują autobusy?
Sie fahren alle zehn Minuten.	Kursują co 10 minut.
Wohin fährt dieser Zug/Bus?	Dokąd jedzie ten pociąg/autobus?
Welcher Bus fährt nach...	Który autobus jedzie do...
Hält dieser Zug/Bus in...?	Czy ten pociąg/autobus zatrzymuje się w...?
Wie viele Haltestellen sind es zum Bahnhof?	Ile jest przystanków do dworca?
Wo ist die nächste Bushaltestelle?	Gdzie jest najbliższy przystanek autobusowy?
Wo befindet sich...?	Gdzie znajduje się...?
An der anderen Seite.	Po przeciwnej stronie.
Hinter dieser Kreuzung.	Za tym skrzyżowaniem.
Wie komme ich...	Jak dojść...
... zum Bahnhof?	...na dworzec kolejowy?
... zur Bushaltestelle?	...na dworzec autobusowy?
... zum Flughafen?	...na lotnisko?
... zum Hotel?	...do hotelu?
...zur Post?	...na pocztę?
...zur Apotheke?	...do apteki?
...zur nächsten Tankstelle	...do najbliższej stacji benzynowej
Gehen Sie geradeaus.	Proszę iść prosto.
Die Straße entlang gehen.	Iść wzdłuż ulicy.
Über die Straße	Przez ulice
Über den Marktplatz	Przez rynek
Durch den Park	Przez park
den Fluss entlang	Wzdłuż rzeki
An der Kirche vorbei	Obok kościoła
An der Kreuzung likns/rechts abbiegen.	Na skrzyżowaniu skręcić w lewo/w prawo.

ZAKWATEROWANIE | UNTERBRINGUNG

ankommen – przyjeżdżać, przybywać
Wir kommen heute abends / am späten Nachmittag / spät in der Nacht an.
Przyjedziemy dzisiaj wieczorem / późno po południu / późno w nocy.

pünktlich, rechtzeitig – punktualnie, na czas
Wir schaffen nicht pünktlich zu sein.
Nie damy rady być punktualnie.

sich verspäten – spóźnić się
Der Zug hat sich (um) eine Stunde verspätet.
Pociąg spóźnił się (o) godzinę.

e. Reservierung – rezerwacja
Ich habe eine Reservierung auf den Namen Nowak.
Mam rezerwację na nazwisko Nowak.

eine Reservierung vornehmen – dokonać rezerwacji, zarezerwować
Wenn Sie eine Reservierung vornehmen wollen, füllen Sie bitte folgendes Formular aus.
Jeśli chcą Państwo dokonać rezerwacji, proszę wypełnić poniższy formularz.

eine Reservierung stornieren – odwołać rezerwację
Wird die Anzahlung zurückerstattet, wenn ich die Reservierung storniere?
Czy zaliczka zostanie zwrócona, jeśli odwołam rezerwację?

s. Zimmer – pokój
Haben Sie freie Zimmer?
Czy mają Państwo wolne pokoje?

s. Einzelzimmer / Doppelzimmer – pokój jednoosobowy / pokój dwuosobowy
Wir nehmen ein Doppelzimmer mit zwei Einzelbetten.
Weźmiemy pokój dwuosobowy z dwoma pojedynczymi łóżkami.

s. Einzelbett / Doppelbett – łóżko pojedyncze / łóżko podwójne
Das Schlafzimmer verfügt über ein großes Doppelbett, bestehend aus zwei Einzelbetten.
Sypialnia dysponuje jednym dużym łóżkiem podwójnym, złożonym z dwóch łóżek pojedynczych.

verfügen über – dysponować czymś
Die Wohnung verfügt über…
Mieszkanie dysponuje…

eine Küche – kuchnią	ein Wohnzimmer – salonem
ein Schlafzimmer – sypialnią	ein Badezimmer – łazienką

ausgestattet – wyposażony
Die separate Küche ist komplett und modern ausgestattet mit…
Oddzielna kuchnia jest kompletnie i nowocześnie wyposażona w…

der Kühlschrank	lodówka
der Gefrierschrank	zamrażarka
der Plattenherd	płyta kuchenna
der Backofen	piekarnik
die Mikrowelle	mikrofalówka
die Kaffeemaschine	ekspres do kawy
der Toaster	toster
die Waschmaschine	pralka

weit / nah – daleko / blisko
Wie weit ist die Wohnung vom Stadtzentrum / vom Bahnhof entfernt?
Jak daleko mieszkanie oddalone jest od centrum miasta / od dworca?

entfernt – oddalony
Die Wohnung ist 8 Kilometer vom Stadtzentrum entfernt.
Mieszkanie jest oddalone 8 kilometrów od centrum miasta.

in der Nähe – w pobliżu
Gibt es ein Supermarkt / ein Geldautomat in der Nähe?
Czy jest w pobliżu jakiś supermarket / bankomat?

e. Gegend – okolica
In dieser Gegend gibt es nur wenige Fahrwege.
W tej okolicy tylko nieliczne drogi są przejezdne.

putzen, reinigen – czyścić, sprzątać
Wie oft wird die Wohnung geputzt?
Jak często mieszkanie jest sprzątane?

sauber / schmutzig – czysty / brudny
Das Haus ist schmutzig und heruntergekommen und manche Geräte funktionieren nicht.
Dom jest brudny i podupadły, a niektóre urządzenia nie funkcjonują.

Die Klospülung ist kaputtgegangen.	Spłuczka klozetowa zepsuła się.
Die Heizung/der Fernseher funktioniert nicht.	Ogrzewanie/ telewizor nie działa.
Im Badezimmer tropft der Wasserhahn.	W łazience cieknie kran.
Es gibt kein warmes Wasser.	Nie ma ciepłej wody.
Es fehlt hier Seife und Toilettenpapier.	Brakuje tu mydła i papieru toaletowego.
Könnten wir frische Handtücher bekommen?	Czy moglibyśmy dostać czyste ręczniki?
Ich kann die Klimaanlage nicht anschalten/ausschalten.	Nie mogę włączyć/wyłączyć klimatyzacji.

das Zimmer sauber halten – utrzymywać pokój w czystości
Die Wohnung und das Zimmer sind sauber zu halten.
Mieszkanie i pokój należy utrzymywać w czystości.

e. Reinigungsmittel – środki czystości
Die Reinigungsmittel sollen nicht in Berührung mit Haut kommen.
Środki czystości nie powinny mieć kontaktu ze skórą.

länger bleiben – zostać dłużej
Falls Sie länger bleiben, wird der Besitzer frische Bettwäsche und Handtücher zur Verfügung stellen.
W przypadku, gdy zostaną Państwo dłużej, właściciel przekaże do dyspozycji świeżą pościel i ręczniki.

verzögern – opóźniać się
Unsere Abreise verzögert sich um fast einen Monat.
Nasz wyjazd opóźni się prawie o miesiąc.

verschieben – przesunąć
Der Abreisetermin verschiebt sich um fünf Tage.
Termin odjazdu przesunie się o pięć dni.

abreisen – odjeżdżać, wyjeżdżać

Wir reisen morgen sehr früh ab.	Er ist frühmorgens abgereist.
Wyjeżdżamy jutro bardzo wcześnie.	Wyjechał z samego rana.

fristgemäß, fristgerecht, rechtzeitig – terminowo
Die Wohnung wird rechtzeitig abgegeben.
Mieszkanie będzie oddane terminowo.

verlassen – opuścić
Bis wann sollen wir das Zimmer verlassen?
Do kiedy powinniśmy opuścić pokój?

im Preis inbegriffen – zawarte w cenie, wliczone w cenę
Die Endreinigung ist nicht im Preis inbegriffen.
Sprzątanie końcowe nie jest wliczone w cenę.

die Wohnung kündigen – wypowiedzieć mieszkanie
Wir müssen die Wohnung früher als geplant kündigen.
Musimy wypowiedzieć mieszkanie wcześniej niż było w planie.

umziehen – przenieść się, przeprowadzić
Wir ziehen in eine andere Stadt um.
Przenosimy się do innego miasta.

die Koffer packen – pakować walizki
Die Koffer haben wir schon gestern Abend gepackt.
Walizki spakowaliśmy już wczoraj wieczorem.

sich anmelden / sich abmelden – zameldować się / wymeldować się
Ich möchte mich abmelden.
Chciałbym się wymeldować.

e. Unterkunft – kwatera
Ich suche eine Unterkunft für 5 Personen.
Szukam zakwaterowania dla 5 osób.

buchen – rezerwować
Ich möchte Ihre Wohnung für 2 Wochen buchen.
Chciałbym zarezerwować Państwa mieszkanie na 2 tygodnie.

r. Vorschuss – zaliczka
Ist ein Vorschuss notwendig?
Czy konieczna jest zaliczka?

im Hotel bleiben – zatrzymać się w hotelu
Für eine Nacht bleiben wir im Hotel.
Na jedną noc zatrzymamy się w hotelu.

Haben Sie freie Zimmer vom... bis...?	Czy mają Państwo wolne pokoje od...do...?
Wie viel kostet ein Einzelzimmer/Doppelzimmer Für eine Nacht?	Ile kosztuje pokój jedno-/dwuosobowy Na jedną noc?
mit voller Verpflegung	z pełnym wyżywieniem
mit Halbpension	z niepełnym wyżywieniem
mit Frühstück	ze śniadaniem
Ist das Frühstück im Preis inbegriffen?	Czy śniadanie jest wliczone w cenę?
OK, ich nehme es.	OK, biorę to.
Ich bleibe hier eine Nacht (...Nächte).	Zatrzymam się tu na jedną noc (... nocy).
Wann gibt es Frühstück/Abendessen?	O której godzinie jest śniadanie/kolacja?

den Schlüssel verlieren – zgubić klucz
Falls der Schlüssel zum Schrank verloren oder kaputt geht, wird eine Gebühr von 30 € erhoben.
Jeśli klucz do szafki zginie lub zostanie uszkodzony, pobierana jest opłata w wysokości 30 €.

die Schlüssel nachmachen – dorabiać klucze
In Gebäuden mit normalen Zylindern an den Türen kann man jeder Schlüssel problemlos nachmachen.
W budynkach ze zwykłymi cylindrami w drzwiach bez problemu można dorobić każdy klucz.

die Schlüssel zurückgeben – zwrócić klucze
Ich habe vergessen, den Schlüssel zurückzugeben!
Zapomniałem zwrócić klucz!

die Rechnung bezahlen – zapłacić rachunek
Ich wollte die Rechnung für Unterkunft und Verpflegung bezahlen.
Chciałem zapłacić rachunek za nocleg i wyżywienie.

bar zahlen / in bar bezahlen – płacić gotówką
Für erste Woche müssen Sie im Voraus in bar bezahlen.
Za pierwszy tydzień musi Pan zapłacić gotówką z góry.

mit Karte zahlen – płacić kartą
Kann man mit Karte zahlen?
Czy można płacić kartą?

im Voraus zahlen – płacić z góry
Zahlt man im Voraus oder bei der Abfahrt?
Płaci się z góry czy przy odjeździe?

in Raten bezahlen – płacić w ratach
Kann ich die Forderung in Raten bezahlen?
Czy należność mogę zapłacić w ratach?

zusammen oder getrennt? – razem czy osobno?
Sie haben getrennt bezahlt, jeder für sich.
Płacili osobno, każdy za siebie.

e. Barzahlung – płatność gotówką
Alle Barzahlungen wurden in der neuen Währung getätigt.
Wszystkie płatności gotówkowe zostały dokonane w nowej walucie.

e. Zahlungsfrist, Fälligkeit – termin płatności
Bei Überschreitung der Zahlungsfrist ist die Firma berechtigt, Verzugszinsen
zu berechnen.
W przypadku przekroczenia terminu płatności firma upoważniona jest do
naliczenia odsetek za zwłokę.

die Rechnung begleichen – uregulować rachunek
Die Rechnung wird von der Firma per Überweisung beglichen.
Rachunek zostanie uregulowany przez firmę przelewem.

eine Rechnung ausstellen – wystawić rachunek

Auf welchen Namen soll ich die Rechnung ausstellen? Na jakie nazwisko mam wystawić rachunek?	Die Rechnung stellen Sie bitte auf die Firma ... aus. Rachunek proszę wystawić na firmę...

stimmen – zgadzać się
Die Rechnung stimmt nicht.
Rachunek się nie zgadza.

die Rechnung korrigieren – skorygować rachunek
Korrigieren Sie bitte die Rechnung, da sie eine falsche Anschrift enthält.
Proszę skorygować rachunek, ponieważ zawiera błędny adres.

NA MIEJSCU PRACY | AM ARBEITSPLATZ

anfangen – zaczynać
Wann fange ich an?
Kiedy zaczynam?

zur Arbeit gehen – iść do pracy
Um wie viel Uhr gehst du morgen zur Arbeit?
O której godzinie idziesz jutro do pracy?

e. Schichten – zmiany pracy
Welche Schichten gibt es?   Wir arbeiten in drei Schichten.
Jakie są zmiany?   Pracujemy na trzy zmiany.

beginnen – zaczynać
Wann beginnt die Tagschicht / Frühschicht / Mittagschicht / Nachtschicht?
Kiedy zaczyna się zmiana dzienna / zmiana ranna / zmiana popołudniowa /
zmiana nocna?

enden – kończyć
Um wieviel Uhr endet die Nachtschicht?
O której godzinie kończy się zmiana nocna?

e. Arbeitszeit – czas pracy
Pausen sind nicht zur Arbeitszeit zu rechnen.
Przerwy nie są wliczane do czasu pracy.

e. Pausen – przerwy
Wann ist eine Pause und wie lange dauert sie?
Kiedy jest przerwa i jak długo trwa?

e. Arbeitstage – dni pracy
Für die meisten Arbeitnehmer ist der Samstag kein Arbeitstag.
Dla większości pracowników sobota nie jest dniem pracy.

die arbeitsfreien Tage – dni wolne od pracy
Viele Arbeitnehmer meinen irrtümlich, dass es sich bei Heiligabend und
Silvester um allgemeine arbeitsfreie Tage handelt.
Wielu pracowników błędnie myśli, że w przypadku wigilii i Sylwestra chodzi o
dni wolne od pracy.

r. Fieretag – święto
Wenn du deinen Urlaub planst, empfiehlt es sich, mit gesetzlichen
Feiertagen zu rechnen.
Jeśli planujesz urlop, zaleca się wziąć pod uwagę święta ustawowe.

machen – robić
Machen wir eine Pause. Wir haben das verdient.
Zróbmy przerwę. Zasłużyliśmy na to.

> Was machen wir heute?
> Co dzisiaj robimy?

> Heute beginnen wir mit der
> Montage.
> Dzisiaj zaczynamy z
> montażem.

e. Überstunden – nadgodziny
Überstunden sind in vielen Branchen an der Tagesordnung.
Nadgodziny są w wielu branżach na porządku dziennym.

e. Aufgaben – zadania
Was sind meine Aufgaben?
Jakie są moje zadania?

r. Stundenzettel – wykaz godzin pracy, karta obecności
Bitte füllen Sie den Stundenzettel sorgfältig aus und unterschreiben Sie ihn.
Proszę starannie wypełnić wykaz godzin i podpisać go.

sich einarbeiten – wdrażać się do pracy
Ich muss mich erst einarbeiten.
Muszę dopiero się wdrożyć.

Ein guter Mitarbeiter ist Dobry pracownik jest...	Ein schlechter Mitarbeiter ist Kiepski pracownik jest...
verantwortlich – odpowiedzialny	verantwortungslos – nieodpowiedzialny
fleißig – pracowity	faul – leniwy
gelassen – opanowany	zerstreut – roztargniony
selbstsicher – pewny siebie	unsicher – niepewny
genau – dokładny	ungenau – niedokładny
entschlossen – zdecydowany	unentschlossen – niezdecydowany
sauber – schludny	schlampig – niechlujny
ehrlich – uczciwy	unehrlich – nieuczciwy

nacharbeiten – odpracować [nieobecność]
In dieser Woche muss ich 10 Stunden / einen freien Tag nacharbeiten.
W tym tygodniu muszę odpracować 10 godzin / dzień wolny.

e. Abwesendheit von der Arbeit – nieobecność w pracy
Ein Mitarbeiter kam nach längerer Abwesenheit wieder zur Arbeit.
Po dłuższej nieobecności pracownik wrócił do pracy.

e. Vertretung – zastępstwo
Ich brauche eine Vertretung für Sonntag.
Potrzebuję zastępstwa na niedzielę.

e. Personalversammlung – zebranie personelu
Der Leiter hat eine Versammlung einberufen.
Kierownik zwołał zebranie.

Wo ist der Leiter?	Gdzie jest kierownik?
Wo können wir uns umkleiden?	Gdzie możemy się przebrać?
Was sollen wir tun?	Co mamy robić?
zuerst / später / zum Schluss	najpierw / później / na koniec
Dürfen wir länger arbeiten?	Czy możemy dłużej pracować?
Arbeiten wir am Wochenende?	Pracujemy w weekend?
Haben wir morgen frei?	Czy jutro mamy wolne?
Wo ist der Verbandkasten / die Toilette?	Gdzie jest apteczka / toaleta?
Wo können wir uns waschen?	Gdzie możemy się umyć?
Kann ich... bekommen?	Czy mogę dostać...?
Was soll ich jetzt machen?	Co mam teraz robić?

r. Vorarbeiter – brygadzista
Ich heiße... Ich bin Vorarbeiter von der Firma…
Nazywam się… Jestem brygadzistą z firmy…

eine Aufgabe zuweisen – przydzielić zadanie
Ihm wurden immer die schwersten Aufgaben zugewiesen.
Zawsze przydzielano mu najtrudniejsze zadania.

klarkommen, zurechtkommen – poradzić sobie
Ich komme mit dieser Aufgabe nicht klar.
Nie poradzę sobie z tym zadaniem.

Ich glaube, dass ich zurechtkommen würde.
Myślę, że poradziłbym sobie.

brauchen – potrzebować
Ich brauche deine Hilfe.
Potrzebuję twojej pomocy.

helfen – pomagać

Kannst du mir mal helfen?
Ich kann es nicht heben.

Możesz mi pomóc?
Nie mogę tego podnieść.

Klar, ich muss nur noch die
Zigarette ausmachen, Moment.

Jasne, muszę tylko zgasić
papierosa, chwila.

bummeln – obijać się, guzdrać się
Er arbeitete immer tüchtig, während alle anderen bummelten.
(On) zawsze solidnie pracował, podczas gdy wszyscy inni się obijali.

schuften – harować
Viele Japaner schuften nicht nur bis spät in die Nacht, sondern auch am
Wochenende und nehmen die allen Urlaubstage nicht in Anspruch.
Wielu Japończyków haruje nie tylko do późna w nocy, ale także w weekend
i nie wykorzystuje wszystkich dni urlopu.

ermahnen – upominać
Er ist ein paar Mal ermahnt worden.
Kilka razy został upomniany.

versetzen – przenieść
Ein Schlosser war auf einen anderen Arbeitsplatz versetzt worden.
Ślusarz został przeniesiony na inne miejsce pracy.

Ich brauche…	Potrzebuję…
Bring(e) mir…	Przynieś mi…
Gib mir…	Podaj mi…
Ich suche…	Szukam…
Ich bin von … bis … im Urlaub.	Mam urlop od … do …
Ich verstehe nicht. Ich spreche nicht gut Deutsch. Wiederholen Sie bitte.	Nie rozumiem. Mówię słabo po niemiecku. Proszę powtórzyć.

s. Schweißverfahren – metoda spawania
Welches Schweißverfahren ist zu verwenden?
Jaką metodę spawania należy zastosować?

e. Flamme – płomień
Nach jedem Gebrauch sicherstellen, dass die Flamme erloschen ist.
Po każdym użyciu upewnić się, że płomień jest zgaszony.

zünden – zapalić
Es gibt Stoffe, die leicht zünden, aber keine hohe Energie freisetzen.
Są substancje, które łatwo zapalają się, ale nie uwalniają wysokiej energii.

s. Brenngas / r. Sauerstoff – gaz palny / tlen
Beim Autogenschweißen wird ein Brenngas mit Sauerstoff so gemischt,
dass eine Flamme entsteht.
Przy spawaniu gazowym gaz palny miesza się z tlenem tak, że powstaje
płomień.

e. Spannung / r. Strom – napięcie / prąd
Nur ein professioneller Schweißer ist in der Lage, die richtige
Drahtvorschubgeschwindigkeit und die optimale Spannung abzuschätzen.
Tylko profesjonalny spawacz jest w stanie ocenić prawidłową prędkość
przesuwu drutu i optymalne napięcie.

einstellen – ustawić
Mutter lösen, Stellschraube einstellen, Mutter anziehen.
Odkręcić nakrętkę, ustawić śrubę regulacyjną, zakręcić nakrętkę.

r. Schalter – włącznik
Zum Ausschalten bringen Sie den Schalter in die Stellung „0".
W celu wyłączenia włącznik ustawić w pozycji „0".

r. Regler – regulator
Die Flammengröße stellt man über den Regler an der linken Seite ein.
Wielkość płomienia ustawia się regulatorem po lewej stronie.

e. Kühlluft – powietrze chłodzące
Es muss ausreichend Freiraum um das Gerät herum vorgesehen werden,
damit die Kühlluft ungehindert zirkulieren kann.
Wokół urządzenia musi być przewidziana wystarczająca wolna przestrzeń,
żeby powietrze chłodzące mogło swobodnie cyrkulować.

e. Überhitzung – przegrzanie
Es ist für ausreichende Belüftung zu sorgen, um eine Überhitzung des
Geräts zu vermeiden!
Trzeba zadbać o wystarczającą wentylację, żeby uniknąć przegrzania
urządzenia!

r. Ofen – piec
Es ist nicht einfach, einen Kohleofen die ganze Zeit über gut heiß zu halten.
Nie jest łatwo, utrzymać piec węglowy przez cały czas w wysokiej
temperaturze.

e. Getriebe – tryby
Die Getriebe müssen komplett ausgetauscht werden.
Tryby muszą zostać wymienione w całości.

s. Gehäuse – obudowa
Vor dem Einbau ist zu prüfen, ob das Gehäuse mit Netzteil ausgestattet ist.
Przed montażem należy sprawdzić, czy obudowa jest wyposażona
w zasilacz sieciowy.

s. Gerät – urządzenie
Vor jedem Einsatz prüfen, ob das Gerät in gutem Zustand ist.
Przed każdym użyciem sprawdzić, czy urządzenie jest w dobrym stanie.

in Betrieb setzen – uruchomić
Nehmen Sie das Gerät nicht in Betrieb, wenn das Kabel beschädigt ist.
Nie uruchamiać urządzenia, jeśli kabel jest uszkodzony.

außer Betrieb setzen – wyłączyć
Bei einem Defekt ist das Gerät außer Betrieb zu setzen.
W przypadku awarii urządzenie należy wyłączyć.

e. Störung, r. Ausfall – zakłócenie, awaria
Unterbrechen Sie zuerst die Stromversorgung, bevor Sie versuchen die
Störung zu beseitigen!
Zanim spróbujesz usunąć awarię, przerwij najpierw zasilanie prądu!

s. Gerüst – rusztowanie
Gerüste sind auf der Baustelle unumgänglich. Sie müssen sowohl den
Verwendungszweck, als auch die Arbeitssicherung gewährleisten.
Rusztowania na budowie są niezbędne. Muszą zapewnić zarówno cel
zastosowania, jak i bezpieczeństwo pracy.

e. Höhe – wysokość
Die Produkte erfüllen die Anforderungen der EU-Richtlinie für Arbeiten in der
Höhe.
Produkty spełniają wymagania dyrektywy UE dla prac na wysokości.

aufpassen – uważać
Pass auf, dass du nicht herunterfällst!
Uważaj, żebyś nie spadł!

e. Leiter – drabina
Kannst du mir bitte die Leiter halten?
Możesz potrzymać mi drabinę?

den Kran steuern – sterować dźwigiem
Der Kran wird mit zwei Hebeln gesteuert, die in der Fahrerkabine montiert sind.
Dźwig sterowany jest dwoma drążkami, które zamontowane są w kabinie kierowcy.

zulässige Belastung – dopuszczalne obciążenie
Die maximal zulässige Belastung darf nicht überschritten werden.
Maksymalne dopuszczalne obciążenie nie może zostać przekroczone.

r. Werkstoff – materiał, surowiec
Aus welchem Werkstoff werden Bohrer hergestellt?
Z jakiego materiału produkowane są wiertła?

r. Schmierstoff – środek do smarowania, smar
Der Schmierstoff verbraucht sich im Laufe der Zeit und eine regelmäßige Nachschmierung ist erforderlich.
Z biegiem czasu smar zużywa się i konieczne jest regularne dosmarowanie.

warten – czekać, konserwować
Ich warte auf den Leiter   Die Maschine soll man regelmäßig warten.
Czekam na kierownika.   Maszynę powinno się regularnie konserwować.

verbraucht – zużyty
Alle Vorräte sind verbraucht worden.
Wszystkie zapasy zostały zużyte.

verschlissen – zniszczony
Meine Handschuhe sind schon verschlissen.
Moje rękawice są już zniszczone.

s. Werkzeug – narzędzie
Der Schweißbrenner ist ein wichtigstes Werkzeug beim MIG/MAG-Schweißen.
Palnik spawalniczy to najważniejsze narzędzie przy spawaniu MIG/MAG.

WERKZEUGKASTEN – SKRZYNKA Z NARZĘDZIAMI

r. Schlüssel - klucz
r. Hakenschlüssel - klucz hakowy
r. Inbusschlüssel - klucz imbusowy
r. Steckschlüssel - klucz nasadowy
r. Engländer - klucz nastawny, francuski
r. Ringschlüssel - klucz oczkowy
r. Gabelschlüssel - klucz widełkowy, maszynowy płaski
r. Schraubenschlüssel - klucz maszynowy

---

e. Fräsmaschine - frezarka
e. Biegemaschine - giętarka
r. Rohrbieger - giętarka ręczna do rur
r. Gewinderschneider - gwintownica
r. Lötkolben - lutownica
e. Lötpistole - lutownica pistoletowa
e. Schneidemaschine - maszyna do cięcia
e. Abkantenmaschine - maszyna do krawędziowania
e. Nietmaschine - nitownica
r. Rohrabschneider- obcinak do rur
e. Lochsäge - otwornica
e. Sägemaschine - pilarka
e. Kettensäge - pilarka łańcuchowa
e. Kreissägemaschine - piła tarczowa
e. Schleifmaschine - szlifierka
e. Winkelschleifer - szlifierka kątowa
s. Schleifgerät - ściernica
e. Drehbank - tokarka
e. Schraubmaschine - wkrętarka
e. Bohrmaschine - wiertarka
e. Schlagbohrmaschine - wiertarka udarowa

---

e. Klinge - brzeszczot
s. Gewinde - gwint
r. Nagel - gwóźdź
r. Haken - hak
r. Winkel - kątownik
r. Stift, Bolzen - kołek, trzpień
e. Kombizange - kombinerki
e. Kette - łańcuch
r. Hammer - młotek
e. Mutter - nakrętka
s. Niet - nit
e. Schere - nożyce
e. Zange - obcęgi
s. Schleifpapier - papier ścierny
e. Metallfeile - pilnik do metalu
e. Unterlegscheibe - podkładka
r. Meißel - przecinak, dłuto
r. Körner - punktak
e. Schraube - śruba
r. Schraubendreher - śrubokręt
e. Scheibe - tarcza
s. Bandmaß -taśma miernicza
r. Bohrer - wiertło
r. Splint - zawleczka
e. Muffe - złączka

---

e. Gasflasche - butla gazowa
r. Draht - drut
e. Düse - dysza
e. Elektrode - elektroda
r. Schlackenhammer - młotek do żużla
r. Brenner - palnik
e. Schweißpaste - pasta spawalnicza
r. Druckminderer - reduktor ciśnienia
r. Schweißtransformator - spawarka transformatorowa
e. Stahldrahtbürste - szczotka druciana
s. Flußmittel - topnik
r. Brenneranzünder - zapalarka

e. Anweisung – polecenie
Befolge die Anweisungen in der Bedienungsanleitung.
Zastosuj się do poleceń w instrukcji obsługi.

eine Anweisung bekommen – dostać polecenie
Wir haben die Anweisung bekommen Wartungsarbeiten am Wochenende
durchzuführen.
Dostaliśmy polecenie przeprowadzić w weekend prace konserwacyjne.

anordnen – zarządzić, nakazać
Der Leiter hat eine Pause angeordnet.
Kierownik zarządził przerwę.

aufladen - załadować
abladen - rozładować
tragen - nosić
bringen - przynieść
heben - podnieść
senken - obniżyć
verschieben - przesunąć
nach vorne / nach hinten
do przodu / do tyłu

bedienen - obsługiwać
drücken - nacisnąć
einschalten - włączyć
ausschalten - wyłączyć
einstellen - ustawić
steigern - zwiększyć
verringern - zmniejszyć
drehen - przekręcić
nach rechts / nach links
w prawo / w lewo

abbauen   - (z)demontować
demontieren - demontować
lösen, aufschreiben - odkręcić
sägen   - piłować
(ab)schneiden - (od)ciąć
(aus)ziehen   - (wy)ciągnąć
legen   - kłaść, położyć
abstellen   - odstawić
stützen   - podeprzeć
reinigen   - (o)czyścić
schleifen   - szlifować
schmieren   - smarować
austauschen - wymienić
wechseln   - zmienić

aufbauen   - (z)montować
montieren   - montować
vorbereiten - przygotować
bohren   - wiercić
einsetzen   - wstawić
benutzen   - użyć
eindrehen   - wkręcić
verbinden   - połączyć
befestigen   - zamocować
festschrauben - przykręcić
anschweißen - przyspawać
löten   - (przy)lutować
kleben   - (s)kleić

rauchen – palić [papierosy]
Wo darf geraucht werden? = Wo darf man rauchen?
Gdzie można palić?

Bescheid geben – dać znać
Gib mir Bescheid, wenn du mit der Arbeit fertig bist.
Daj mi znać, jeśli skończysz pracę.

fertig sein – skończyć, uporać się
Ich bin beinahe fertig.   Werden wir rechtzeitlich fertig?
Prawie skończyłem.   Skończymy na czas?

schaffen – dać radę
Bis Donnerstag ist das nicht zu schaffen.
Do czwartku nie da się tego zrobić.

Bis morgen müssen die Rohrleitungen montiert sein, ist das klar?

Do jutra rurociągi muszą być zamontowane, czy to jasne?

Tut mir leid, zu zweit schaffen wir das nicht. Wir brauchen noch eine Person.

Niestety, we dwóch nie damy rady. Potrzebujemy jeszcze jedną osobę.

nicht auf der Arbeit sein – być nieobecnym w pracy
Er ist heute nicht auf der Arbeit.
Nie ma go dzisiaj w pracy.

länger auf der Arbeit bleiben – zostać dłużej w pracy
Wir müssen heute länger auf der Arbeit bleiben, um rechtzeitig fertig zu werden.
Musimy dzisiaj zostać dłużej w pracy, żeby skończyć na czas.

ganze/gründliche Arbeit leisten – wykonać całą pracę / solidną robotę
Wir haben ganze Arbeit innerhalb von zwei Wochen geleistet.
Całą pracę wykonaliśmy w ciągu dwóch tygodni.

ausführen – wykonać
Welche Arbeiten sind noch auszuführen?
Jakie prace są jeszcze do wykonania?

Wartung	Instandsetzung	Umbau	Montage/Demontage
Konserwacja	Remont, naprawa	Przebudowa	Montaż/Demontaż

e. Arbeitsschritte – etapy pracy
Der Bauleiter erklärt die einzelnen Arbeitsschritte.
Kierownik budowy objaśnia poszczególne etapy prac.

r. Stand der Arbeiten – stan prac
Der Bauleiter spricht mit den Arbeitern über den Stand der Arbeit, also
darüber, was schon gemacht worden ist.
Kierownik budowy rozmawia z pracownikami o stanie prac, a więc o tym, co
już zostało zrobione.

dauern – trwać
Wie lange werden die Arbeiten voraussichtlich dauern?
Jak długo przypuszczalnie będą trwać prace?

schätzen – oceniać, przypuszczać
Ich schätze, dass wir bald fertig sein werden.
Przypuszczam, że wkrótce skończymy.

prüfen – sprawdzić
Vor der ersten Benutzung ist das Gerüst auf Sicherheit zu prüfen.
Przed pierwszym użyciem rusztowanie należy sprawdzić pod kątem
bezpieczeństwa.

e. Mängel – wady, braki
Es wurden offene / schwerwiegende / versteckte Mängel festgestellt.
Zostały stwierdzone widoczne / poważne / ukryte wady.

einen Mangel beseitigen – usunąć wadę
Der Verkäufer muss den Mangel am Produkt beseitigen, entweder durch
Umtausch oder durch Reparatur.
Sprzedawca musi usunąć wadę produktu, albo przez wymianę, albo przez
naprawę.

über kleine Mängel hinwegsehen – przymknąć oczy na małe braki
Alles in allem ein angenehmer Urlaub, wenn man über kleine Mängel
hinwegsieht!
Ogólnie rzecz biorąc przyjemny urlop, jeśli przymknie się oczy na małe braki!

verbessern – poprawić, skorygować
Bemühe dich die Fehler zu verbessern, ohne abzuwarten, bis die anderen
dich darauf aufmerksam machen.
Postaraj się poprawić wady, nie czekając, aż inni zwrócą ci na nie uwagę.

erlauben – pozwalać
Wenn es die Zeit erlaubt, machen wir einen Spaziergang durch die Stadt.
Jeśli czas pozwoli, pójdziemy na spacer przez miasto.

erledigen – załatwić
Ich habe noch etwas zu erledigen.
Mam jeszcze coś do załatwienia.

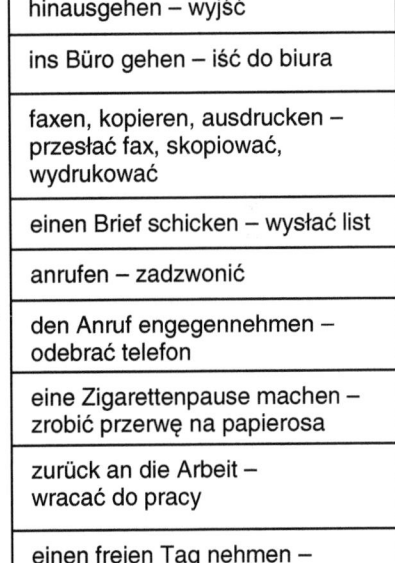

Ich muss - muszę…	hinausgehen – wyjść
	ins Büro gehen – iść do biura
Ich musste - musiałem…	faxen, kopieren, ausdrucken – przesłać fax, skopiować, wydrukować
Kann ich - czy mogę…	
	einen Brief schicken – wysłać list
Darf ich… - czy mogę, czy mam pozwolenie…	anrufen – zadzwonić
Ich möchte…- chciałbym	den Anruf engegennehmen – odebrać telefon
Ich will… - chcę…	eine Zigarettenpause machen – zrobić przerwę na papierosa
Ich wollte… - chciałem…	
Soll ich… czy mam, powinienem	zurück an die Arbeit – wracać do pracy
	einen freien Tag nehmen – wziąć wolny dzień

öffnen – otwierać
Wie lange ist das Büro geöffnet?
Jak długo otwarte jest biuro?

schließen – zamykać
Das Geschäft ist schon geschlossen.
Sklep jest już zamknięty.

aufhören – skończyć, przestać
Ich hörte heute mit der Arbeit eine Stunde früher als sonst auf.
Dzisiaj skończyłem pracę godzinę wcześniej niż zazwyczaj.

r. Stillstand – przestój, zatrzymanie
Größere Störungen können zu einem Stillstand der gesamten Produktion führen.
Większe zakłócenia mogą prowadzić do zatrzymania całej produkcji.

Mangel an Arbeitskräften – brak siły roboczej
Wir haben Mangel an qualifizierten Mitarbeitern.
Brakuje nam wykwalifikowanych pracowników.

fehlen – brakować
Es fehlt an Werkzeugen / Materiallien / Schweißern.
Brakuje narzędzi / materiałów / spawaczy.

einstellen – wstrzymać, zaprzestać; ustawić
Das Projekt ist eingestellt worden.   Die Belegschaft stellte die Arbeit ein.
Projekt został wstrzymany.   Załoga zaprzestała prac.

auf kleine Flamme einstellen - ustawić na mały płomień

sich verlängern – przedłużyć się
Das Projekt verlängert sich um eine Woche.
Projekt przedłuży się o tydzień.

bestellen – zamawiać
Die Ware wurde schon bestellt.
Towar został już zamówiony.

liefern – dostarczyć
Die Materialien müssen möglichst schnell geliefert werden.
Materiały muszą zostać dostarczone jak najszybciej.

e. Sicherheitsmaßnahmen – środki bezpieczeństwa
Vor dem Staatsbesuch wurden strengste Sicherheitsmaßnahmen getroffen.
Przed wizytą państwową zostały podjęte najostrzejsze środki
bezpieczeństwa.

r. Arbeitsschutz – bezpieczeństwo i higiena pracy
Alle Mitarbeiter sind für die rigorose Einhaltung der
Arbeitsschutzmaßnahmen verantwortlich.
Wszyscy pracownicy są odpowiedzialni za rygorystyczne przestrzeganie
środków bezpieczeństwa i higieny pracy.

schützen – chronić
Schutzbrillen schützen die Augen vor schädlichen Einflüssen wie starkem
Licht, Chemikalien, Staub oder Splittern.
Okulary ochronne chronią oczy przed szkodliwymi wpływami jak silne
światło, chemikalia, kurz czy odpryski.

tragen – nosić
Beim Schweißen muss man eine Schutzkleidung tragen.
Przy spawaniu trzeba nosić ubranie ochronne.

benutzen – używać, użyć
Schadhafte Handschuhe auf keinen Fall benutzen!
W żadnym wypadku nie używać wadliwych rękawic!

e. Schutzausrüstung – wyposażenie ochronne
Ohne eine angemessene Schutzausrüstung dürfen keine Schweißarbeiten durchgeführt werden.
Bez odpowiedniego wyposażenia ochronnego prace spawalnicze nie mogą być przeprowadzane.

die Schutzschuhe	buty ochronne
die Schutzkleidung	ubranie ochronne
die (Schutz)hose	spodnie (ochronne)
die (Schutz)jacke	kurtka (ochronna)
die Warnweste	kamizelka ostrzegawcza
die Schweißerschürze	fartuch spawacza
die Schutzbrille	okulary ochronne
die Schutzhandschuhe	rękawice ochronne
der Gehörschutz	ochraniacze na uszy
der Helm	kask
die Schweißmaske	maska spawalnicza

e. Splitter – odpryski
Splitter, die sich mit dem Staubsauger nicht entfernen lassen, kann man mit einem Pinsel entfernen.
Odpryski, które nie dają się usunąć odkurzaczem, można usunąć pędzlem.

e. Verstaubung – zapylenie, zakurzenie
Wenn das Gehäuse verstaubt ist, benutzen Sie ein weiches, trockenes Tuch zum Reinigen.
Jeśli obudowa jest zakurzona, do oczyszczenia użyj miękkiej, suchej ściereczki.

e. Strahlung – promieniowanie
Die gefährliche ultraviolette Strahlung des hellen Lichtes kann Reizungen der Augen hervorrufen.
Niebezpieczne promieniowanie ultrafioletowe jasnego światła może wywołać podrażnienia oczu.

r. Lärm – hałas
Sorgen Sie für Gehörschutz und warnen Ihre Kollegen vor dem Lärm.
Proszę zadbać o ochronę słuchu i ostrzec swoich kolegów przed hałasem.

r. Rauch – dym
Der beim Schweißen entstehende Rauch hat eine gesundheitsschädigende Wirkung.
Dym powstający podczas spawania ma działanie szkodliwe dla zdrowia.

e. Hitze – żar, wysoka temperatura
Dem Ofen entströmt Hitze.
Z pieca bucha żar.

e. Funken – iskry
Die beim Schweißen entstehenden Funken können Brände auslösen.
Powstające podczas spawania iskry mogą wywołać pożar.

r. Brand / s. Feuer – pożar / ogień
Der Brand ist wegen technischem Defekt ausgebrochen.
Pożar wybuchł z powodu defektu technicznego.

r. Feuerlöscher – gaśnica
Verbandkasten und Feuerlöscher sollen griffbereit aufbewahrt werden.
Apteczki i gaśnice powinny być przechowywane w zasięgu ręki.

einen Brand löschen – ugasić pożar
Die Feuerwehr löschte den Brand nach etwa einer Stunde.
Straż pożarna ugasiła pożar po około godzinie.

undicht – nieszczelny
Die Gasflasche ist undicht.
Butla do gazu jest nieszczelna.

beschädigt – uszkodzony
Benutze den Gasbrenner nicht weiter, wenn er beschädigt ist, weil er eine ernsthafte Verletzung verursachen kann.
Nie używaj palnika gazowego, jeśli jest uszkodzony, ponieważ może spowodować poważne obrażenia.

entströmen – ulatniać się
Der Leitung entströmt Gas.
Z przewodu ulatnia się gaz.

50

einen Arbeitsunfall erlitten – doznać wypadku przy pracy
Er hat einen Unfall erlitten und ist jetzt arbeitsunfähig.
Doznał wypadku i teraz jest niezdolny do pracy.

melden – zgłosić
Jeder Unfall ist sofort zu melden.
Każdy wypadek należy natychmiast zgłosić.

Ich bin ausgerutscht und umgefallen.	Poślizgnąłem się i upadłem.
Ich bin heruntergefallen vom Dach, von der Leiter, vom Gerüst, von der Treppe	Spadłem z dachu, z drabiny, z rusztowania, ze schodów
Ich habe mich geprellt.	Potłukłem się.
Ich habe wohl meinen Arm gebrochen.	Chyba złamałem rękę.
Ich habe mir den Knöchel verstaucht.	Skręciłem kostkę.
Ich bin am Kopf verwundet.	Jestem ranny w głowę.
Ich kann meinen Arm nicht bewegen.	Nie mogę ruszać ręką.
Ich habe mich verletzt am Bein, an der Hand, am Arm, am Finger	Skaleczyłem się w nogę, w dłoń, w rękę, w palec
Ich blute stark.	Mocno krwawię.
Ich habe mir einen Splitter in den Finger eingerissen.	Drzazga weszła mi w palec.
Mir ist etwas ins Auge gefallen.	Wpadło mi coś do oka.
Meine Augen brennen.	Pieką mnie oczy.
Ich habe mich mit den Dünsten vergiftet.	Zatrułem się oparami.
Ich habe mich verbrannt.	Poparzyłem się.
Ich habe einen Stromschlag bekommen.	Poraził mnie prąd.
Ich habe mir den Finger eingeklemmt.	Przyciąłem sobie palec.
Ich kann nicht richtig atmen.	Ciężko mi się oddycha.
Ich habe Rückenschmerzen.	Mam bóle pleców.

Hilfe holen / den Arzt holen – sprowadzić pomoc / wezwać lekarza
Hol sofort Hilfe!
Natychmiast sprowadź pomoc!

erste Hilfe leisten – udzielić pierwszej pomocy
Ich habe erste Hilfe geleistet, nachdem der Arbeiter von der Leiter gefallen war.
Udzieliłem pierwszej pomocy po tym, jak pracownik spadł z drabiny.

e. Wunde – rana
Seine Wunde blutet stark.
Jego rana mocno krwawi.

eine Wunde verbinden – opatrzyć ranę
Bei der ersten Hilfe ist es zu wissen, wie man fachgerecht eine Wunde verbindet.
Przy pierwszej pomocy trzeba wiedzieć, jak profesjonalnie opatruje się ranę.

das Blut stillen – zatamować krew
Drücke eine sterile Kompresse für einige Minuten auf die Wunde, um die Blutung zu stillen.
Dociskaj przez kilka minut sterylny kompres na ranie, żeby zatamować krew.

ein Pflaster auf die Wunde kleben – przykleić plaster na ranę
Bevor man ein Pflaster auf die Wunde klebt, wird diese erst noch gereinigt.
Zanim przyklei się plaster na ranę, wcześniej jest ona oczyszczana.

eine Wunde nähen – zszyć ranę
Ist die Wunde sehr groß, muss ein Arzt sie nähen.
Jeśli rana jest bardzo duża, musi ją zszyć lekarz.

einen Verband anlegen – założyć bandaż
Weißt du, wie man sich korrekt einen Verband am Kniegelenk anlegt?
Wiesz, jak prawidłowo zakłada się bandaż na stawie kolanowym?

ins Krankenhaus bringen – zabrać do szpitala
Er starb, als der Krankenwagen schon unterwegs war, um ihn ins Krankenhaus zu bringen.
Zmarł, kiedy karetka była już w drodze, żeby zabrać go do szpitala.

im Krankenhaus aufnehmen – przyjąć do szpitala
Er wurde im Krankenhaus wegen einer Herzerkrankung aufgenommen.
Został przyjęty do szpitala z powodu choroby serca.

aus dem Krankenhaus entlassen – wypisać ze szpitala
Wann werde ich aus dem Krankenhaus entlassen?
Kiedy zostanę wypisany ze szpitala?

r. Allgemeinarzt – lekarz ogólny, pierwszego kontaktu
Ich bin auf der Suche nach einem Allgemeinarzt in der Umgebung.
Szukam w okolicy jakiegoś lekarza ogólnego.

einen Termin beim Arzt vereinbaren – zapisać się do lekarza
Ich möchte einen Termin beim Arzt vereinbaren.
Chciałbym zapisać się do lekarza.

passen – pasować

> Passt es Ihnen am Montag?
> Czy pasuje Panu/i w poniedziałek?

> Der Termin passt mir nicht.
> Ten termin mi nie pasuje.

e. Untersuchung – badanie
Neben der Untersuchung des allgemeinen Gesundheitszustandes stellt der
Arzt noch eine Reihe von Fragen.
Obok badania ogólnego stanu zdrowia lekarz zadaje jeszcze szereg pytań.

r. Schmerz – ból
Der Schmerz ist vorbei.
Ból minął.

Ich habe...	Mam...
Kopfschmerzen	bóle głowy
Bauchschmerzen	bóle brzucha
Halsschmerzen	bóle gardła
Zahnschmerzen	bóle zęba
Schmerzen an der Wirbelsäule	bóle kręgosłupa
Schmerzen im Rücken	bóle pleców
Schmerzen im Brustkorb	bóle w klatce piersiowej

wehtun – boleć

> Was tut dir/Ihnen weh?
> Co Cię/Pana/-ią boli?
>
> Was fehlt dir/Ihnen?
> Co Ci/Panu/-i dolega?

> Der Bauch/ Der Hals/ Der Kopf/
> Das Bein/ Der Zahn tut mir weh.
>
> Boli mnie brzuch / gardło / głowa /
> noga / ząb.

fühlen sich – czuć się
Ich fühle mich schlecht / schwach / müde / nicht wohl.
Czuję się źle / słabo / zmęczony / niedobrze.

leiden an – cierpieć na
Ich leide an Schlaflosigkeit / Grippe / Rückenschmerzen.
Cierpię na bezsenność / grypę / bóle pleców.

r. Bruch – złamanie
Beim offenen Bruch besteht es eine hohe Infektionsgefahr.
Przy otwartym złamaniu istnieje wysokie ryzyko infekcji.

e. Vergiftung – zatrucie
Eine chronische Vergiftung entsteht, wenn man längere Zeit schädigenden
Substanzen ausgesetzt ist.
Chroniczne zatrucie powstaje, jeśli przez dłuższy czas jest się narażonym na
szkodliwe substancje.

ein Medikament verschreiben – przepisać lekarstwo
Können Sie mir bitte etwas gegen die Schmerzen / den Husten / Schnupfen /
Grippe / das Fieber / Magenbeschwerden / Durchfall verschreiben?
Czy może mi Pan/i przepisać coś na bóle / kaszel / katar / grypę / gorączkę /
dolegliwości żołądkowe / biegunkę?

ein Medikament (ein)nehmen – zażywać lekarstwo
Soll ich die Medikamente zweimal täglich nach/vor dem Essen einnehmen?
Czy lekarstwa mam przyjmować dwa razy dziennie po/przed jedzeniem?

krankgeschrieben sein – być na zwolnieniu
Der Arzt hat mich krankgeschrieben.
Lekarz wypisał mi zwolnienie.

e. Arbeitsunfähigkeit – niezdolność do pracy
Wie lange wird die Arbeitsunfähigkeit voraussichtlich dauern?
Jak długo przypuszczalnie będzie trwać niezdolność do pracy?

arbeitsunfähig – niezdolny do pracy
In welchen Zeitraum war eine unfallverletzte Person arbeitsunfähig?
W jakim okresie osoba poszkodowana w wypadku była niezdolna do pracy?

arbeitsfähig – zdolny do pracy
Seit wann sind Sie arbeitsfähig?
Od kiedy jest Pan zdolny do pracy?

aufnehmen – podjąć
Die Arbeit könnte ich ab… wieder aufnehmen.
Pracę mógłbym znów podjąć od…

Absorbcja wodoru - Aufhname von Wasserstroff, Wasserstroffaufnahme *f*
Absorbcja tlenu - Aufnahme von Sauerstoff, Sauerstoffaufnahme *f*
Acetylen - Azetylen *n*
Acetylen gazowy - Azetylengas *n*
Acetylen o niskim ciśnieniu - Niederdruckazetylen *n*
Acetylen rozpuszczony (z butli) - Azetylenflaschengas *n*,
      gelöstes Azetylen *n*
Aluminium - Aluminium *n*
Amplituda drgań - Schwingungsweite *f*, Schwingungsamplitude *f*
Amplituda ruchu wahadłowego, szerokość wahania - Pandelamplitude,
      Pandelbewegung *f*
Analiza drutu rdzeniowego - Analyse des Kerndrahtes
Anoda łuku - Anode des Lichtbogens, Lichtbogenanode *f*
Anodowe jeziorko spawalnicze - Grundwerkstoffseitiges Schmelzbad *n*
Argon ochronny - Argonschutzgas *n*
Argon roboczy, argon nośny - Argonträgergas *n*
Asymetryczny rowek spawalniczy - Asymmetriche Fuge *f*
Austenityczna elektroda spawalnicza - Austenitische Schweißelektrode *f*
Austenityczne złącze spawane - Austenitische Schweißverbindung *f*
Automat do spawania łukowego - Lichtbogenschweißautomat *m*
Automat do cięcia tlenowego - Brennschneidautomat *m*
Automat do spawania w atmosferze gazu ochronnego -
      Schutzgasschweißautomat *m*
Automat do lutowania - Lötautomat *m*
Automat do prostowania i przecinania drutu -
      Drahtricht- und -abschneideautomat *m*
Automat do spawania - Schweißautomat *m*
Automatyczny podajnik drutu - Drahtvorschubautomat *m*
Azot w powietrzu (atmosferze) - Luftstickstoff *m*
Badania nad maserem - Maser-Forschung *f*
Badanie możliwości lutowania twardego - Hartlötbarkeitsversuch *m*
Badanie (próba) stapiania - Abschmelzversuch *m*
Badanie przebiegu lutowania twardego - Hartlötversuch *m*
Bateria butli acetylenowych - Azetylenbatterie *f*
Bateria butli do CO$_2$ - Kohlesäurebatterie *f*
Bezpiecznik wodny - Wasservorlage *f*, Rückschlagsicherung *f*
Blacha - Blech *n*
Blacha dolna - Unterblech *n*
Blacha spawana (podstawowa) - Grundblech *n*

Błądzenie łuku elektrycznego - Lichtbogenwanderung *f*
Boczna krawędź progu - Stegseitenkante *f*
Boczna krawędź przedmiotu obrabianego - Werkstückseitenkante *f*
Boczna krawędź przygotowania - Flankenseitenkante *f*
Brak rozprysku - Spritzerfreiheit *f*
Brzeg płyty - Werkstückseitenfläche *f*
Brzegi czołowe - Stoßkanten *f pl*
Butla do acetylenu - Azetylen[gas]flasche *f*
Butla do argonu - Argonflasche f, Schweißargonflasche *f*
Butla do CO₂ - CO_2-Flasche *f*, CO_2-Gasflasche *f*
Butla do gazu sprężonego - Druckgasflasche *f*
Całkowicie spawane - Ganzgeschweißt
Ceownik - U-Profil *m*, U-Eisen *m*
Charakter łuku - Bogencharakter *m*, Lichtbogencharakter *m*
Charakter otuliny - Umhüllungscharakter *m*
Charakterystyka (krzywa) stapiania - Abschmelzkennlinie *f*
Charakterystyka łuku - Bogenkennlinie *f*, Charakteristik *f* des Lichtbogens
Charakterystyka prądowo-napięciowa-Strom-Spannungs-Charakteristik *f*
Charakterystyka źródła prądu [spawania] - Stromquellekennline *f*
Chemiczna analiza stopiwa - Chemische Analyse *f* des Schweißgutes
Chłodnica - Kühler *m*
Chłodząca szyna miedziana - Kupferkühlschiene *f*
Chłodzenie obiegowe - Umlaufkühlung *f*
Chłodzenie spoiny - Abkühlung *f* der Schweißnaht, Nahtabkühlung *f*
Chłodzona przykładka miedziana - Kupferkühlschuh *m*
Chronienie (osłanianie) grani argonem - Wurzelspülung *f*,
          wurzelseitige Argonspülung *f*
Ciągliwość - Zähigkeit *f*, Duktilität *f*, Streckbarkeit *f*
Ciągliwy - verformbar, zäh, streckbar
Ciągłe jarzenie [się] łuku - Brenndauer *f* des Lichtbogens,
          Lichtbogenbrenndauer *f*
Ciecz chłodząco-smarująca, płyn obróbkowy - Kühlschmiermittel *n*
Ciepło łuku - Hitze (Wärme) *f* des Lichtbogens, Lichtbogenwärme *f*
Ciepło spalania - Verbrennungswärme *f*
Cięcie (dzielenie) tlenem - Sauerstoffschneiden *n*, Sauerstofftrennen *n*
Cięcie acetylenowo-tlenowe - Autogenbrennschneiden *n*,
          Azetylen-Sauerstoff-Brennschneiden *n*
Cięcie kształtowe płomieniem gazowym - Formbrennschneiden *n*
Cięcie łukiem plazmowym, cięcie metodą TIG łukiem zwężonym -

WIG-Schneiden *n*, Plasmaschneiden *n*
Cięcie łukowe, cięcie łukiem elektrycznym - Lichtbogenschneiden *n*,
Lichtbogentrennen *n*, Schneiden *n* mit Lichtbogen
Cięcie łukowe elektrodą węglową - Kohlelichtbogenschneiden *n*
Cięcie łukowe pod wodą - Unterwasserlichtbogenbrennschneiden *n*,
elektrisches Unterwasserschneiden *n*
Cięcie łukowo-płomieniowe, cięcie łukowo-tlenowe -
Lichtbogenbrennschneiden *n*, Oxyarc-Brennschneiden *n*,
Sauerstoff-Lichtbogen-Schneiden *n*
Cięcie łukowo-powietrzne - Lichtbogen-Luft-Schneiden *n*
Cięcie metodą TIG, cięcie elektrodą wolframową
w osłonie gazu obojętnego - WIG-Schneiden *n*, WIG-
Brennschneiden *n*, Wolfram-Inertgas-Schneiden *n*
Cięcie plazmowe, cięcie łukiem plazmowym - Plasmaschneiden *n*,
Trennen (Schneiden) *n* mit dem Plasmastrahl
Cięcie plazmowe z zastosowaniem powietrza - Plaschmaschneiden *n*
mit Luft
Cięcie płomieniem (palnikiem gazowym) - Gasbrennschneiden *n*
Cięcie pod wodą - Schneiden *n* unter Wasser, Unterwassertrennen *n*
Cięcie proszkowo-tlenowe - Brennschneiden *n* mit Pulverzufuhr
Cięcie żeliwa - Gußeisenschneiden *n*, Schneiden *n* von Gußeisen
Ciśnienie acetylenu - Azetylengasdruck *m*
Ciśnienie łuku - Bogenkraft *f*, Lichtbogenkraft *f*, Lichtbogendruck *m*
Ciśnienie tlenu tnącego - Schneidsauerstoffdruck *m*
Ciśnienie zamykające - Schließdruck *m*
Cykl cięcia - Schneidzyklus *m*
Cynkować - verzinken
Czas chłodzenia - Kühlzeit *f*
Czas cięcia - Schneidzeit *f*, Schnittzeit *f*
Czas jarzenia [się] łuku - Brennzeit *f* des Lichtbogens,
Lichtbogenbrennzeit *f*
Czas [przepływu] prądu - Stromzeit *f*
Czas spawania - Schweißzeit *f*
Czas stapiania - Abschmelzzeit *f*
Czas wyżarzania - Aushärtungszeit *f*
Częstotliwość zwarć - Kurzschlußfrequenz *f*, Kurzschlußhäufigkeit *f*
Część spawana - Schweißbauteil *n*
Część zgrzewana doczołowa - Stumpfgeschweißtes Bauteil *n*
Czołowa spoina wykonana [elektro-] żużlowo -

Elektro-Schlacke-Stumpfnaht *f*
Czynność automatyczna, ruch automatyczny (samoczynny) - Automatenbetrieb *m*
Czyste złącze spawane - Saubere Schweißverbindung *f*
Czystość spoiny (zgrzeiny) - Sauberkeit *f* der Schweißnaht, Schweißnahtsauberkeit *f*
Czysty metal spoiny, czyste spoiwo - Reines Schweißgut *n*
Czyszczenie (oczyszczanie) oskardzikiem - Reinigen *n* mit Pickhammer
Czyszczenie (oczyszczanie) spoiny - Reinigen *n* der Naht
Dający się ciąć - schneidbar
Dający się ciąć tlenem [gazowo] - brennschneidbar
Dalmierz - Entfernungsmesser *m*, Distanzmesser *m*
Dane ustawienia (nastawcze) - Einstelldaten *pl*
Defektoskop ultradźwiękowy - Ultraschallprüfgerät *n*
Długość folii - Folienlänge *f*
Długość garbu - Buckellänge *f*
Długość łuku - Bogenlänge *f*, Lichtbogelänge *f*
Długość pęknięcia - Rißlänge *f*
Długość przyprostokątnej - Schenkellänge *f*
Długość słupka łuku - Länge *f* der Bogensäule, Lichtbogensäulenlänge *f*
Długość spoiny - Nahtlänge *f*
Długość ściegu - Raupenlänge *f*
Długość ukosowania - Schenkellänge *f*
Długość zakładki - Überlapplänge *f*
Długość zamocowania przy zgrzewaniu doczołowym - Einspannlänge *f* bei der Stumpfschweißung
Długość złącza - Fugenlänge/Kehllänge *f*
Dmuchawka lutownicza - Lötrohr *n*
Dno butli - Flaschenboden *m*
Dno jeziorka spawalniczego - Boden *m* des Schweißbades, Metallbadgrund *m*
Dno (podstawa) spoiny - Nahtgrund *m*, Schweißnahtgrund *m*
Dobrze spawalny (zgrzewalny) - leicht schweißbar
Docisk mocujący - Spanndruck *m*
Doczołowe zgrzewanie zgniotowe [na zimno] - Kaltpreßstumpfschweißen *n*
Doczołowe złącze rurowe - Rohrstumpfstoß *m*
Doczołowe złącze spawane (zgrzewane) - Stumpfe Schweißverbindung *f*, stumpfgeschweißte Verbindung *f*

Dokładność cięcia - Schnittgenauigkeit *f*
Dokładność pasowania - Paßgenauigkeit *f*
Dolna elektroda - Untere Elektrode *f*, Unterelektrode *f*
Dołączenie elektrody - Elektrodenanschluß *m*
Dołączenie prądu spawania - Schweißstromzuschaltung *f*
Dostawa CO_2, dostarczanie CO_2 - CO_2-Versorgung *f*
Dostęp powietrza - Luftzutritt *m*
Dół pokarbidowy - Karbidschlammgrube *f*
Drgania - Schwingungen *fpl*
Drut aluminiowy - Aluminiumdraht *m*
Drut [dodatkowy] bezprądowy - Stromloser (kalter) Draht *m*,
    Katodendraht *m*, [stromloser] Zusatzdraht *m*
Drut [spawalniczy] do napawania - Auftragschweißdraht *m*,
    Schweißdraht *m* für Auftragschweißen
Drut do lutowania twardego - Hartlötdraht *m*
Drut do spawania automatycznego - Automaten[schweiß]draht *m*,
    Schweißdraht *m* für das automatische Schweißen
Drut do spawania metodą TIG - WIG-Schweißdraht *m*, Argonarc-
    Schweißdraht *m*
Drut do spawania w atmosferze CO_2, - CO_2-Schweißdraht *m*,
    Schweißdraht für das Schutzgasschweißen unter CO_2
Drut dodatkowy [spawalniczy] z brązu aluminiowego -
    Aluminiumbronzezusatzdraht *m*
Drut elektrodowy (prądowy) - Blankdrahtelektrode *f*,
    Nacktdrahtelektrode *f*, nackte Drahtelektrode *f*
Drut miedziany - Kupferdraht *m*
Drut miedziowany - Verkupferter Draht *m*
Drut o pełnym przekroju do spawania w osłonie (atmosferze) CO_2 -
    Massivdraht *m* für das Schutzgasschweißen unter CO_2
Drut otulony - Umhüllter Draht *m*, Manteldraht *m*
Drut proszkowy - Pulverdraht *m*
Drut rdzeniowy, rdzeń w postaci drutu - Kerndraht *m*
Drut rdzeniowy (proszkowy) do spawania w atmosferze CO_2 -
    Pulverdraht *m* für das Schutzgasschweißen unter CO_2
Drut rdzeniowy stopowy - Legierter Kerndraht *m*
Drut rdzeniowy ze stali uspokojonej - Kerndraht *m* aus beruhigtem Stahl
Drut spawalniczy do spawania łukowego - Schweißdraht *m* für das
    Lichtbogenschweißen, Lichtbogenschweißdraht *m*,
    Elektroschweißdraht *m*

Drut spawalniczy z brązu krzemowego - Siliziumbronzeschweißdraht *m*
Drut tego samego gatunku co materiał rodzimy - Artgleicher Draht *m*
Dwuteownik - I-Profil *n*, Doppel-T-Stahl *m*, I-Stahl *m*
Dwutlenek węgla - Kohlendioxyd *n*
Dymy spawalnicze - Schweißdämpfe *m pl*
Dysza - Düse *f*, Schweißdüse *f*
Dysza palnika do cięcia - Schneidbrennerdüse *f*
Dysza pierścieniowa - Ringförmige Düse *f*, Ringdüse *f*
Dysza tnąca - Schneiddüse *f*
Dysza zwężająca - Einschnürdüse *f*
Dysza zwężająca [łuk] - Einengende (einschnürende) Düse *f*
Działanie czyszczące - Reiningungswirkung *f*, Reinigungseffekt *m*
Działanie czyszczące łuku spawalniczego - Reinigungswirkung *f* des
        Lichtbogens
Działanie łuku [elektrycznego] - Lichtbogenwirkung *f*
Dzielenie, cięcie - Trennen *n*, Schneiden *n*
Dzielić, ciąć - trennen, schneiden
Dźwignia - Hebel *m*
Elektroda aluminiowa - Aluminiumelektrode *f*
Elektroda austenityczna - Austenitische Elektrode *f*
Elektroda bliźniacza - Doppelelektrode *f*
Elektroda brązowa - Bronzeelektrode *f*
Elektroda celulozowa, elektroda z otuliną celulozową -
        Zelluloseumhüllte Elektrode *f*, Zelluloseelektrode *f*
Elektroda chromoniklowa - Chromnickelelektrode *f*
Elektroda ciągła - Dauerelektrode *f*, kontinuierliche Elektrode
Elektroda do cięcia - Schneideelektrode *f*
Elektroda do cięcia łukowego - Lichtbogenschneidelektrode *f*
Elektroda do cięcia łukowo-tlenowego - Elektro-Sauerstoffelektrode *f*,
        Lichtbogen-Sauerstoffschneidelektrode *f*,
        Oxyarc-Elektrode *f*
Elektroda do napawania - Auftragselektrode *f*
Elektroda do spawania łukowego - Elektrode *f* für das
        Lichtbogenschweißen, Lichtbogenelektrode *f*
Elektroda do spawania w dowolnej pozycji - Allpositionselektrode *f*
Elektroda do spawania żeliwa - Elektrode *f* für das Guß[eisen]schweißen,
        Gueisenschweißelektrode
Elektroda dwurdzeniowa - Doppelelektrode *f*
Elektroda głębokowtapiająca - Tiefeinbrandelektrode *f*

Elektroda goła - nackte Elektrode, Nacktdrahtelektrode *f*
Elektroda grubootulona - dick umhüllte Elektrode
Elektroda kłowa, punktowa - Spitzenelektrode *f*
Elektroda kontaktowa - Kontaktelektrode *f*
Elektroda krążkowa - Elektrodenrolle, Rollenelektrode *f*
Elektroda kwaśna, elektroda z kwaśną otuliną - Ekektrode *f* des
        erzsauren Typs, Elektrode mit erzsaurer Umhüllung
Elektroda metalowa - Metallelektrode *f*
Elektroda miedziana - Kupferelektrode *f*
Elektroda na prąd przemienny - Elektrode *f* für das
        Wechselstromschweißen, Wechselstromelektrode
Elektroda na prąd stały i przemienny - Elektrode *f* für
        das Wechsel- und Gleichstromschweißen
Elektroda nieotulona - nackte Elektrode, Nacktdrahtelektrode *f*
Elektroda nietopliwa - nicht abschmelzende Elektrode *f*
Elektroda niklowo-miedziana - Nickel-Kupfer-Elektrode *f*
Elektroda o otulinie gazotwórczej - Gasmantelelektrode *f*
Elektroda odlewana - Gußelektrode *f*
Elektroda ostrzowa - Spitzenelektrode *f*
Elektroda otulona - Umhüllte (ummantelte) Elektrode *f*, Mantelelektrode *f*
Elektroda otulona ciągła - Netzmantelelektrode *f*
Elektroda otulona prasowana - Preßmantelelektrode *f*
Elektroda podwójna - Doppelelektrode *f*
Elektroda połączeniowa - Konstruktionselektrode *f*
Elektroda pomiedziowana (miedziowana) - Verkupferte Elektrode *f*
Elektroda pomocnicza - Hilfselektrode *f*
Elektroda prętowa - Stabelektrode *f*, Stiftelektrode *f*
Elektroda proszkowa - Pulverelektrode *f*
Elektroda przeciwna - Gegenelektrode *f*
Elektroda rdzeniowa (proszkowa) - Seelenelektrode *f*, Pulverdraht *m*
Elektroda rolkowa - Rollenelektrode *f*
Elektroda rutylowa - rutilsaure Elektrode *f*
Elektroda sąsiednia (sąsiadująca) - Nachbarelektrode *f*
Elektroda standardowa (handlowa) - handelsübliche Elektrode *f*
Elektroda stopowa - Legierte Elektrode *f*
Elektroda stopowa do spawania łukowego -
        Legierte Lichtbogenschweißelektrode *f*
Elektroda stożkowa, elektroda o zakończeniu w kształcie stożka
        Elektrode *f* mit kegelförmiger Elektrodenspitze,

kegelförmige Elektrode
Elektroda topliwa - abschmelzende Elektrode *f*
Elektroda uniwersalna - Universalelektrode *f*
Elektroda w kształcie pręta - Stabförmige Elektrode *f*, Stabelektrode
Elektroda węglowa - Kohleelektrode *f*
Elektroda z brązu aluminiowego - Aluminiumbronzeelektrode *f*
Elektroda z miedzi chromowej - Chromkupferelektrode *f*
Elektroda zasadowa, elektroda o zasadowej otulinie -
          Elektrode mit kalkbasischer Umhüllung,
          [kalk-]basisch umhüllte Elekrode
Elektroda ze stali chromowej - Chromstahlelektrode *f*
Elektroda ze stopu miedzi - Elektrode *f* auf Kupferlegierung
Elektroda zgrzewarki doczołowej - Stumpfschweißelektrode *f*
Elektroda złożona, złożony pręt spawalniczy - Verbundelektrode *f*
Elektroda żeliwna - Gußeisenelektrode *f*
Energia łuku - Energie *f* des Lichtbogens, Lichtbogenenergie *f*
Energia wiązki - Strahlenenergie *f*
Fazowanie (krawędzi) - Fasen *n*, Anfasen *n*, Abschrägen *n* (einer Kante)
Ferrytyczna elektroda otulona - Umhüllte ferritische Elektrode *f*
Filtr - Filter *n*
Forma miedziana chłodzona wodą - wassergekühlte Kupferform *f*
Formowanie (ograniczanie) jeziorka spawalniczego - Badsicherung *f*,
          Schweißbadsicherung *f*, Schmelzbadsicherung *f*
Formowanie (przygotowanie) elektrod - Anordnung *f* der Elektroden,
          Elektrodenanordnung *f*
Formowanie (przygotowanie) garbu - Anordnung *f* der Buckel
Frez - Fräser *m*
Frez lewotnący - linksschneidender Fräser
Frez naprzemianskośny - kreuzverzahnter Fräser
Frez prawotnący - rechtsschneidender Fräser
Frez ścinowy - spitzgezahnter Fräser
Frez walcowo-czołowy - Walzenstirnfräser *m*
Frez zataczany - hinterdrehter Fräser
Frez zaszlifowany - hinterschliffener Fräser
Galwanizować - galvanisieren
Garb okrągły - Roundbuckel *m*
Garb pierścieniowy - Ringbuckel *m*, Ringwarze *f*
Gaz chroniący (osłaniający) grań spoiny - Wurzelschutzgas *m*
Gaz ochronny w postaci CO_2 - CO_2-Schutzgas *n*

Gaz palny - Brenngas *n*
Gaz tnący - Schneidgas *n*
Gaz transportujący (przenoszący) - Trägergas *n*
Gaz w łuku elektrycznym - Lichtbogengas *n*, Bogengas *n*
Gaz wodny - Kohlenwasserstoffgas *n*
Generator prądu - Stromgenerator *m*
Gęstość wiązki - Strahldichte *f*
Głębokość krateru - Kratertiefe *f*
Głębokość wgniecenia - Eindrucktiefe *f*
Głowica automatyczna - Automatenschweißkopf *m*
Głowica do [badania] skosów kątowych - Schrägwinkelkopf *m*,
    Winkel[prüf]kopf *m*
Głowica do cięcia - Schneidkopf *m*
Głowica do spawania [łukowego] elektrodą węglową -
    Kohle[lichtbogen]schweißkopf *m*
Głowica do spawania łukowego - Lichtbogenschweißkopf *m*
Głowica do spawania metodą TIG - WIG-Schweißkopf *m*
Głowica do spawania w [atmosferze] CO$_2$ - CO$_2$-Schweißkopf *m*
Głowica do spawania łukowo-wodorowego - Atomic-Schweißkopf *m*
Goły drut - Blankdraht *m*, Nacktdraht *m*, nackter Draht *m*
Goły drut dodatkowy - Nackter Zusatzdraht *m*
Goły drut spawalniczy - Nacktschweißdraht *m*, nackter Schweißdraht
Goła (nieotulona) elektroda spawalnicza - Blanke Schweißelektrode *f*,
    Blankdrahtelektrode *f*, Nacktdrahtelektrode *f*
Goły pręt do spawania acetylenowo-tlenowego -
    Nackter Autogenschweißstab *m*
Goły pręt spawalniczy - Nackter Schweißstab *m*
Górna powierzchnia przedmiotu obrabianego - Obere Werkstückfläche
Granica pełzania - Kriechgrenze *f*
Grań spoiny - Nahtwurzel *f*
Grubościomierz - Dickenmesser *m*
Grubość blachy, przedmiotu obrabianego - Blechdicke,Werkstückdicke *f*
Grubość efektywna spoiny - Wirksame Nahtdicke *f*
Grubość folii - Foliendicke *f*
Grubość jądra zgrzeiny - Lisendicke *f*
Grubość maksymalna spoiny - Gesamt-Nahtdicke *f*
Grubość materiału rodzimego - Dicke *f* des Grundwerkstoffes
Grubość nadlewu grani - Wurzelüberhöhung *f*
Grubość otuliny - Dicke *f* der Umhüllung, Hüllendicke, Umhüllungsdicke *f*

Grubość projektowa spoiny - Sollnahtdicke *f*
Grubość rzeczywista spoiny - Tatsächliche Nahtdicke (Istnahtdicke *f*)
Grubość ściegu - Dicke *f* der Raupe, Raupendicke *f*, Lagendicke *f*
Grubość złącza - Fugenhöhe *f*
Grzanie anody - Anodenerwärmung *f*
Hak - Haken *m*
Hartowanie - Härten *n*
Hartowanie powierzchniowe - Oberflächenhärtung *f*
Ilość CO_2 - CO_2-Gasmenge *f*, CO_2-Schutzgasmenge *f*
Ilość gazu spawalniczego, ilość stopiwa - Schweißgasmenge *f*,
    Schweißgutmenge *f*
Ilość rozprysków przy spawaniu - Schweißspritzermenge *f*
Ilość stopionego topnika - Geschmolzene Pulvermenge *f*
Ilość topnika [spawalniczego] - Schweißpulvermenge *f*, Pulvermenge *f*
Imadło - Schraubstock *m*
Impedancja łuku - Impedanz *f* des Lichtbogens, Lichtbogenimpedanz *f*
Intensywność łuku [spawalniczego] - Intensität *f* des Lichtbogens
Intensywność (natężenie) wiązki - Strahlenintensität *f*
Izolacja - Isolation *f*, Isolierung *f*
Jarzenie [się] łuku - Brennen *n* des Lichtbogens
Jądro zgrzeiny - Schweißlinse *f*
Jeziorko spawalnicze - Lichtbogenschweißbad *n*
Jeziorko spawalnicze przy spawaniu w CO_2 - CO_2-Schweißbad *n*
Jeziorko spawalnicze (stopionego metalu) - Schmelzbad *n*, Schweißbad *n*,
    Metallbad *n*, geschmolzenes Metall *n*
Jonizacja łuku - Ionisation *f* des Lichtbogens, Lichtbogenionisation *f*
Kamień lutowniczy, salmiak - Lötstein *m*, Salmiakstein *m*
Kanał pomiędzy wlewem i nadlewem - Kanal *m* zwischen
    Steiger und Einlauf
Karb - Kerbe *f*
Karb próbki Charp-V - Charpy-Spitzkerb *m*
Karbid - Karbid *n*
Karbid brykietowany - Beagid *n*, Preßkarbid *n*
Karbidowy aparat lutowniczy - Karbidlötapparat *m*
Katoda łuku - Katode *f* des Lichtbogens, Lichtbogenkatode *f*
Katodowe jeziorko spawalnicze - Elektrodenseitiges Schmelzbad *n*
Katodowy spadek napięcia - Abfall *m* an der Katode, Katodenfall *m*
Kąt cięcia - Schnittwinkel *m*
Kąt natrysku - Aufspritzwinkel *m*

Kąt pochylenia, kąt otwarcia - Neigungswinkel *m*, Öffnungswinkel *m*
Kąt rozwarcia rowka - Öffnungswinkel *m*
Kąt spoiny - Nahtwinkel *m*
Kąt ukosowania - Flankenwinkel, Abschrägungswinkel *m*
Kąt zagięcia palnika (uchwytu) - Brenner[einstell]winkel *m*
Kąt zgięcia - Biegewinkel *m*
Kęs aluminiowy - Aluminiumblock *m*
Kęs miedzi - Kupferblock *m*
Klasa (gatunek) elektrody - Schweißklasse *f*, Ausführungsklasse *f*
Klej - Klebstoff *m*
Klej do metalu - Metallkleber *m*, Metallklebstoff *m*
Klej utwardzalny na zimno - Kalthärtender Kleber *m*, Kaltkleber *m*
Klejenie - Kleben *n*
Klejenie metalu - Metallkleben *n*
Kleszcze do lutowania twardego - Hartlötzange *f*
Kleszcze do zgrzewania punktowego z napędem pneumatycznym -
           Druckluftschweißzange *f*, preßluftbetätigte
           (pneumatiche, druckluftbetätigte) Punktschweißzange *f*
Klin - Keil *m*
Koc azbestowy, przykrycie azbestowe -Asbestschutzhaube *f*
Kocioł - Kessel *m*
Kolanko rurowe - Rohrbogen *m*
Kolejność cięcia - Schneidfolge *f*, Schnittfolge *f*
Kołek - Bolzen *m*
Kombinacja materiałów - Werkstoffkombination *f*
Komora łuku [elektrycznego] - Lichtbogenkammer *f*
Kondensatorowa zgrzewarka punktowa -
           Kondensatorpunktschweißmaschine *f*
Konstrukcja klejona - Klebkonstruktion *f*
Konstrukcja lutowana twardo - Hartgelötete Konstruktion *f*
Konstrukcja spawana łukowo - Lichtbogenschweißkonstruktion *f*
Kontaktowe spawanie łukowe - Kontakt[lichtbogen]schweißen *n*
Końcówka [elektrody] do zajarzania - Zündende *n*
Końcówka palnika (uchwytu) - Brennerkopf *m*
Końcówka stykowa - Kontaktdüse *f*, Stromkontaktdüse *f*, Kontaktspitze *f*
Korozja powierzchniowa - Oberflächenkorrosion *f*
Korozja złącz spawanych - Schweißkorrosion *f*
Krater wytworzony przez łuk elektryczny - Lichtbogenkrater *m*
Kratownica - [Gitter]fachwerk *n*, Stahlfachwerk *n*

Krawędź boczna powierzchni czołowej - Stirnseitenkante *f*
Krawędź cięcia - Schneidkante *f*, Schnittkante *f*
Krawędź wzdłużna powierzchni czołowej - Stirnlängskante *f*
Krawędź wzdłużna przygotowania - Fugenlängskante *f*
Krąg (szpula) drutu elektrodowego - Elektrodendrahtrolle *f*
Krąg drutu - Drahtbund *n*
Krążenie (cyrkulacja) kąpieli żużlowej - Schlackenbadzirkulation *f*
Krążenie (obieg) żużla - Schlackenzirkulation *f*
Kroplowe przenoszenie metalu - Tropfenförmiger Werkstoffübergang *m*
Króciec - Stutzen *m*
Kruche pęknięcie (pękanie), kruchy przełom - Spröder Bruch *m*
Kruchość na zimno - Kaltbrüchigkeit *f*
Kruchość stopiwa - Schweißgutsprödigkeit *f*
Kruchość w stanie surowym po spawaniu - Sprödigkeit *f* im
                  Schweißzustand
Kruchy - brüchig
Kruchy metal spoiny, stopiwo kruche - Sprödes Schweißgut *n*
Kruchy na gorąco - rotbrüchig
Kruchy na zimno - kaltbrüchig
Kruszarka żużla, łamacz żużla - Schlackenbrecher *m*
Kształt łuku - Ausbildung *f* des Lichtbogens, Lichtbogenausbildung *f*
Kształt przekroju elektrody - Elektrodenquerschnittsform *f*
Kształt przekroju spoiny - Schweißnahtquerschnittsform *f*
Kształt ściegu - Raupenform *f*
Kuć - schmieden
Kwaśny żużel, nasycenie azotem - Saure Schlacke *f*, Stickstoffaufnahme *f*
Lakier - Lack *m*
Lakierować - lackieren
Lampa lutownicza - Lötlampe *f*
Laser - Laser *m*
Lepiszcze, materiał wiążący - Koppelflüssigkeit *f*, Koppelmittel *n*
Linia przebiegu spoiny - Nahtverlauf *m*, Schweißnahtverlauf *m*,
                  Verlauf *m* der Schweißnaht
Linia wtopienia - Schmelzlinie *f*
Lut - Lot *n*
Lut bizmutowy - Wismutlot *n*
Lut miedź-cynk, lut Cu-Zn - Kupfer-Zink-Lot *n*
Lut miękki, cyna lutownicza - Schnellot *n*, Weichlot *n*, Weichlötmasse *f*
Lut mosiężny - Messinglot *n*

Lut taśmowy, lut w postaci taśmy - Bandlot *n*
Lut w postaci pręta - Stablot *n*
Lutospawanie, lutozgrzewanie - Lötschweißen *n*, Schweißlöten *n*
Lutowanie łukowe - Lichtbogenlöten *n*
Lutowanie miękkie - Weichlöten *n*
Lutowanie miękkie oporowe - Widerstandslöten *n*
Lutowanie oporowe - Drucklöten *n*
Lutowanie płomieniowe - Flammlöten *n*
Lutowanie pocieraniem - Reiblöten *n*
Lutowanie twarde - Hartlöten *n*
Lutowanie twarde [nakładek narzędzi skrawających] - Hartmetallöten *n*,
    Auflöten *n*
Lutowanie twarde aluminium - Aluminiumhartlöten *n*
Lutowanie twarde bez topnika - Hartlöten *n* ohne Flußmittel,
    flußmittelfreies Hartlöten
Lutowanie twarde mosiądzu - Messinghartlöten *n*
Lutowanie twarde przy pomocy łuku elektrycznego -
    Lichtbogenhartlöten *n*
Lutowanie twarde w ochronnej atmosferze gazowej - Hartlöten *n* unter
    Schutzgas, Schutzgashartlöten *n*
Lutowanie twarde żeliwa - Gußeisenhartlöten *n*
Lutowanie w gazowej atmosferze ochronnej - Schutzgaslöten *n*,
    Löten *n* unter Schutzgas
Lutowanie w piecu - Löten *n* im Ofen
Lutowanie w próżni - Löten *n* im Vakuum
Lutowanie wielowarstwowe - Mehrschichtlöten *n*, Sandwich-Löten *n*
Lutowanie zanurzeniowe - Tauchlöten *n*
Lutowanie żeliwa - Gußeisenlöten *n*
Lutownica - Lötkolben *m*
Lutownica kątowa - Hammerkolben *m*
Lutownica z uchwytem pistoletowym - Lötpistole *f*
Lutownica zwykła - Feuerlötkolben *m*
Ładunek karbidu - Karbidfüllung *f*, Karbideinsatz *m*, Karbidladung *f*
Łączenie za pomocą [kombinacji] zgrzewania - Kombination *f*
    Metallkleben-Punktschweißen,
    Punktschweiß-Klebverbindung *f*
Łuk - Bogen *m*, Lichtbogen *m*
Łuk chroniony argonem, łuk w osłonie argonu - Argon[licht]bogen *m*,
    argon-geschützter Lichtbogen *m*

Łuk jarzący się przy elektrodzie topliwej w osłonie gazu obojętnego - MIG-Bogen *m*, MIG-Schweißlichtbogen *m*

Łuk przy elektrodach otulonych - Lichtbogen *m* umhüllter Elektroden

Łuk przy elektrodzie węglowej - Kohlelichtbogen *m*

Łuk przy prądzie przemiennym - Wechselstrom[licht]bogen *m*

Łuk przy prądzie stałym - Gleichstrom[licht]bogen *m*

Łuk przy spawaniu gołym drutem - Nacktdrahtlichtbogen *m*

Łuk przy stapiającej się elektrodzie - Lichtbogen *n* mit abschmelzender Elektrode

Łuk spawalniczy przy stapiającej sie elektrodzie - Schweißlichtbogen *m* mit abschmelzender Elektrode

Łuk [elektryczny] tnący - Schneidlichtbogen *m*

Łuk w atmosferze CO$_2$, łuk chroniony CO$_2$ - CO$_2$-[Licht]Bogen *m*

Łuk [jarzący się] w powietrzu - Luft-Lichtbogen *m*

Łukowe lutowanie twarde - Lichtbogenhartlöten *n*

Łukowe spawanie aluminium - Aluminiumlichtbogenschweißen *n*

Łuska ściegu - Schuppe *f* der Schweißraupe

Łuszczenie - Schälen *n*, Wirbeln *n*

Magnetyzm łuku elektrycznego - Lichtbogenmegnetismus *m*, Magnetismus *m* des Lichtbogens

Malowanie przeciwkorozyjne - Korrosionsschutzanstrich *m*

Manometr ciśnienia butlowego - Azetylenflaschenmanometer *n*

Manometr do acetylenu - Azetylenmanometer *n*

Masa (materiał) do stabilizacji łuku - Lichtbogenstabilisator *m*, lichtbogenstabilisierende Masse *f*

Masa oczyszczająca - Reiniger *m*, Reinigungsmasse *f*

Masa otulinowa - Hüllmasse *f*, Umhüllungsgemisch *n*

Masa rdzenia, ciężar rdzenia - Kerndrahtgewicht *n*, Kerndrahtmasse *f*

Maska ochronna z doprowadzeniem powietrza - Frischluftmaske *f*

Maszyna do cięcia grubych bloków - Knüppel[brenn]schneidmaschine *f*

Maszyna do cięcia - Schneidmaschine *f*

Maszyna do cięcia [termicznego] z poprzecznym wózkiem - Kreuzwagenbrennschneidmaschine *f*, Kreuzwagenschneidmaschine *f*

Maszyna do cięcia łukowego - Lichtbogenschneidmaschine *f*

Maszyna do cięcia termicznego w układzie współrzędnych prostokątnych - Koordinatenbrennschneidmaschine *f*

Maszyna do lutowania twardego - Hartlötmaschine *f*

Maszyna do spawania aluminium - Aluminiumschweißmaschine *f*

Maszyna do spawania łukowego - Lichtbogenschweißmaschine *f*
Maszyna do spawania obwodowego - Rundnahtschweißmaschine *f*
Maszyna do spawania w osłonie CO₂ - CO_2-Schutzgasschweißmaschine,
    CO_2-Schweißmaschine *f*
Maszyna do termicznego wycinania kół - Kreis[brenn]schneidmaschine *f*
Maszyna do ukosowania [brzegów] blach - Blechkantenhobelmaschine *f*
Materiał anody- Anodenwerkstoff *m*
Materiał dodatkowy do lutowania twardego - Hartlötzusatzwerkstoff *m*,
    Zusatzwerkstoff *m* zum Hartlöten
Materiał dodatkowy do spawania w atmosferze CO₂ -
    CO_2-Schweißzusatzwerkstoff *m*,
    Zusatzwerkstoff *m* für das CO_2-Schweißen
Materiał dodatkowy w postaci brązu, brąz dodatkowy -
    Bronzezusatzwerkstoff *m*
Materiał dodatkowy w postaci brązu aluminiowego -
    Aluminiumbronzezusatzwerkstoff *m*
Materiał dodatkowy w postaci miedzi - Kupferzusatzwerkstoff *m*
Materiał dodatkowy w postaci stopu aluminium-cynk-magnez -
    Aluminium-Zink-Magnesium Zusatzwerkstoff *m*
Materiał dodatkowy w postaci stopu aluminium-magnez, spoiwo AlMg
    Aluminium-Magnesium-Zusatzwerkstoff *m*
Materiał katody - Katodenwerkstoff *m*
Materiał otuliny elektrody - Elektrodenumhüllungsstoff *m*,
    Umhüllungsstoff *m*, Ummantelungsmaterial *n*
Materiał podstawowy - Grundwerkstoff *m*
Mechanizm łuku elektrycznego - Lichtbogenmechanismus *m*
Mechanizm spajania (zlepienia) - Bindemechanismus *m*,
    Bindungsmechanismus *m*
Metal dodatkowy, spoiwo - Zusatzgut *n*, Zusatzmetall *n*, Zusatzmaterial *n*
Metal napoiny, napawany metal - Auftragmetall *n*
Metal spoiny, stopiwo - Schweißgut *n*
Metal stopowy - Legierungsmetall *n*
Metoda automatycznego spawania gazowego - automatisches
    Gasschweißverfahren *n*
Metoda automatycznego spawania łukiem krytym -
    automatisches Unterpulverschweißverfahren *n*
Metoda cięcia (dzielenia) - Schneidverfahren *n*, Trennverfahren *n*

Metoda cięcia łukiem plazmowym, proces cięcia metodą TIG łukiem zwężonym - Argon-Lichtbogen-Schneidverfahren *n*, Plasmaschneiden *n*, WIG-Schneiden *n*

Metoda cięcia łukowego - Lichtbogenschneidverfahren *n*

Metoda cięcia łukowo-tlenowego - Lichtbogen[brennschneid]verfahren *n*, Oxyarc-Verfahren *n*

Metoda doczołowego spawania rur - Rohrstumpfschweißverfahren *n*

Metoda lutowania twardego - Hartlötverfahren *n*

Metoda łukowego spawania punktowego - Lichtbogenpunktschweißverfahren *n*

Metoda spawania acetylenowo-tlenowego - Azetylen-Luft-Schweißverfahren *n*

Metoda spawania automatycznego - Automatisches Schweißverfahren *n*, Automatenschweißverfahren *n*

Metoda spawania drutem rdzeniowym (proszkowym) w osłonie CO$_2$ - Schutzgasschweißverfahren *n* mit flußmittelgefüllten Drähten unter CO$_2$

Metoda spawania elektrodą otuloną ciągłą - Schweißverfahren *n* mit endloser umhüllter Elektrode

Metoda spawania elektrodą topliwą - Schweißverfahren *n* (lichtbogenschweißverfahren) *n* mit abschmelzender Elektrode, [Schutzgas-]Lichtbogenschweißverfahren *n* mit abschmelzender Elektrode, Schutzgasschweißverfahren *n* mit abschmelzender Elektrode

Metoda spawania łukowego - E-Schweißverfahren *n*, Lichtbogenschweißverfahren *n*

Metoda spawania łukowego elektrodą metalową w osłonie CO$_2$ - Metall-Lichtbogenverfahren *n* unter Verwendung von CO$_2$ als Schutzgas, CO$_2$-Schweißen *n*

Metoda spawania łukowego elektrodą topliwą w osłonie CO$_2$ - CO$_2$-Schutzgasschweißverfahren *n* mit abschmelzender Elektrode

Metoda spawania łukowego elektrodą węglową - Kohlelichtbogenschweißverfahren *n*

Metoda spawania łukowego prądem przemiennym - Wechselstromlichtbogenschweißverfahren *n*

Metoda spawania łukowo-wodorowego - Arcatom-Schweißverfahren *n*

Metoda spawania metodą MIG, proces spawania topiącą się elektrodą w osłonie argonu - Argomat-Verfahren *n*, MIG-Verfahren *n* unter Argon

Metoda spawania metodą TIG - WIG-Schweißverfahren *n*, Argonarc-Schweißverfahren *n*

Metoda spawania na zimno - Kaltschweißverfahren *n*

Metoda spawania prądem przemiennym - Wechselstromschweißverfahren *n*

Metoda spawania prądem przemiennym elektrodą topliwą w osłonie gazów obojętnych - MIG-Wechselstromschweißvwerfahren *n*

Metoda spawania punktowego w CO₂ - CO_2-Punktschweißverfahren *n*

Metoda spawania termitowego - AT-Schweißverfahren *n*

Metoda spawania w osłonie CO₂ - MIG-CO_2-Schweißverfahren *n*

Metoda spawania TIG bez materiału dodatkowego - WIG-Verfahren *n* ohne Zusatzwerkstoff

Metoda spawania TIG w osłonie argonu - WIG-Verfahren *n* unter Argon

Metoda zgrzewania doczołowego - Stumpfschweißverfahren *n*

Metoda Airco - Airco-Verfahren *n*

Metoda Aircomatic - Aircomatic-Verfahren *n*

Metoda Benardosa-Olszewskiego - Benardos-Verfahren *n*

Metoda przypawania sworzni energią [wyładowania] kondensatora - Bolzenschweißverfahren *n* mit Kondensatorentladung

Metoda spajania wybuchowego - Schußschweißverfahren *n*

Metoda spawania Benardosa-Olszewskiego - Benardos-Schweißverfahren

Metoda spawania ciągłego, metoda Fretz-Moon`a - Durchlaufschweißverfahren *n*, Fretz-Moon-Verfahren *n*, Fretz-Moon-Schweißverfahren *n*

Metoda spawania łukowego - Lichtbogenschweißmethode *f*

Metoda spawania spawania łukowo-wodorowego, metoda arcatom - Arcatom-Schweißmethode *f*

Metoda spawania techniką krokową - Pilgerschrittschweißverfahren *n*

Metoda spawania w prawo - Nachrechtsschweißverfahren *n*

Metoda żłobienie elektropowietrznego [elektrodą węglową] - Arcair-Verfahren *n*, Kohlelichtbogen-Preßluftverfahren *n*

Miedziana elektroda spawalnicza - Kupferschweißelektrode *f*

Miedziana końcówka spawalnicza - Kupferschweißdüse *f*, Kupferschweißmundstück *n*

Miedziana końcówka stykowa - Kupferkontaktdüse *f*

Miedziana przykładka formująca - Kupferner Formschuh *m*,
　　Kupfergleitschuh *m*, Kupferformschuh *m*
Miedziana rurka stykowa - Kupferkontaktrohr *n*
Miedziana wkładka pierścieniowa - Kopfereinlegering *m*
Miedziany drut dodatkowy - Kupferzusatzdraht *m*
Miedziany drut spawalniczy - Kupferschweißdraht *m*
Miedziany pręt spawalniczy - Kupferschweißstab *m*
Miedziany prowadnik rurkowy - Kopferführungshülse *f*
Miedziować - Verkupfern
Miedziowany drut dodatkowy - Verkupferter Zusatzdraht *m*
Miedziowany drut rdzeniowy - Verkupferter Kerndraht *m*
Miedziowany drut spawalniczy - Verkupferter Schweißdraht *m*
Miejsce (strefa) spawania łukowego - Lichtbogenschweißzone *f*
Miejsce styku - Kontaktstelle *f*
Mieszalnik - Mischer *m*, Rührwerk *n*
Mieszanka acetylenowo-powietrzna - Azetylene-Luft-Gemisch *n*
Mieszanka acetylenowo-tlenowa - Azetylen-Sauerstroff-Gemisch *n*
Mieszanka argonowa - Argongasgemisch *n*
Mieszanka argonowo-tlenowa - Argon-Sauerstoff-Gemisch *n*
Mieszanka argonowo-wodorowa - Argon-Wasserstroff-Gemisch *n*
Mieszanka argonu z dwutlenkiem węgla i tlenem -
　　Argon-Kohlendioxid-Sauerstoff-Gemisch *n*
Mieszanka argonu z dwutlenkiem węgla - Argon-Kohlendioxid-Gemisch,
　　Ar-CO_2-Gemisch *n*, Ar-CO_2-Schutzgasgemisch *n*
Mieszanka butan-powietrze - Butan-Luft-Gemisch *n*
Mieszanka dwutlenku węgla z argonem - Ar-CO_2-Gemisch *n*
Mieszanka gazowa do cięcia - Schneidgasgemisch *n*
Mieszanka termitowa, mieszanina tlenku żelaza i proszku
　　aluminiowego - AT-Mischung *f*, Thermitgemisch *n*,
　　Gemisch *n* aus Eisenoxid und Aluminimgrieß
Miękkie lutowanie aluminium - Aluminiumlöten *n*
Moc wiązki - Strahlleistung *f*
Moment skręcający - Biegemoment *n*
Możliwość lutowania twardego - Hartlötbarkeit *f*
Muł pokarbidowy - Karbidschlamm *m*
Nacisk w miejscu styku, nacisk stykowy - Kontaktdruck *m*
Naddatek na obróbkę - Bearbeitungszugabe *f*
Naddatek na skurcz - Schrumpfzugabe *f*, Schwindzugabe *f*
Nadlew grani - Wurzelüberhöhung *f*

Nadlew spoiny - Nahtüberhöhung *f*
Naglinowywanie, koloryzowanie - Alitieren *n*, Kolorisieren *n*
Nagrzewanie katody - Katodenerwärmung *f*
Nagrzewnica - Anwärmer *m*, Erwärmer *m*
Nakładkowe złącze zgrzane punktowo - Laschenpunktnaht *f*
Nakrętka - Mutter *f*
Nakrętka motylkowa - Flügelmutter *f*
Nakrętka sześciokątna - Sechskantmutter *f*
Nakrętka zabezpieczająca - Gegenmutter *f*, Sicherungsmutter *f*
Nakrętka z przetyczką - Knebelmutter *f*
Nanoszenie na powierzchnię, rozprowadzanie powierzchniowe -
    Flächenauftragung *f*
Napawać - Auftragschweißen *n*
Napawanie - Auftragschweißen *n*, Auftragschweißung *f*
Napawanie brązem - Bronzeauftragschweißen *n*
Napawanie łukowe - Lichtbogenauftragschweißen *n*
Napawanie miedzi - Auftragschweißen *n* von Kupfer
Napawanie regeneracyjne szyn - Auftragschweißen *n* von Schienen
Napawanie utwardzające w CO$_2$ - CO$_2$-Hartauftragschweißen *n*
Napełnialnia acetylenu - Azetylenfüllwerk *n*
Napęd w układzie współrzędnych prostokątnych - Koordinatenantrieb *m*
Napięcie - Spannung *f*
Napięcie łuku - Bogenspannung *f*, Spannung *f* des Lichtbogens
Napięcie przebicia - Überschlagsspannung *f*
Napięcie robocze łuku - Bogenbrennspannung *f*
Napięcie słupa łuku - Lichtbogenspannung *f*, Säulenspannung *f*
Napoina - Auftragnaht *f*
Naprężenie przy kruchym pękaniu - Sprödbruchspannung *f*
Naprężenie skurczowe - Achrumpfspannung *f*, Schwindspannung *f*
Narzędzie do czyszczenia dyszy - Düsennadel, Reinigungsnadel *f*
Nasadka do cięcia - Schneideinsatz *m*
Nastawianie czasu jarzenia się łuku - Einstellung *f* der
    Lichtbogenbrennzeit
Nastawienie (przestawienie) głowicy spawalniczej -
    Schweißkopfeinstellung *f*, Schweißkopfverstellung *f*
Nastawienie, regulacja prądu spawania - Einstellung des Schweißstromes
Natężenie prądu łuku [elektrycznego] - Lichtbogenstromstärke *f*
Nawęglający płomień spawalniczy - Karburiende Schweißflamme *f*
Nawęglanie kąpieli [spawalniczej] - Aufkohlen *n* des Schmelzbades

Nawęglanie stopiwa - Aufkohlen *n* des Schweißgutes
Neutralny płomień spawalniczy - Neutrale (normale) Schweißflamme *f*
Niebieskie jąderko płomienia - Innerer bläulicher Flammenkegel *m*
Niestabilność (niestałość) łuku [elektrycznego] - Lichtbogeninstabilität *f*
Nożyce proste do blachy - Blechschere *f*
Nożyce ręczne do stali - Handeisenschere *f*
Obcęgi - Zange *f*
Obcęgi do gwoździ - Beißzange *f*, Kneifzange *f*
Obcęgi do rur - Rohrzange *f*
Obcęgi do wiązania zbrojenia - Montierzange *f*
Obcęgi kowalskie - Schmiedezange *f*
Obciążalność prądowa elektrody - Strombelastbarkeit *f* der Elektrode
Obejma - Schelle *f*
Obliczenie spoiny pachwinowej - Kehlnahtberechnung *f*
Obróbka - Bearbeitung f; Verarbeitung *f*
Obróbka cieplna - Wärmebehandlung *f*
Obróbka końcowa [mechaniczna] - Nacharbeit *f*, Nachbearbeitung *f*
Obróbka plastyczna - bildsame Formung *f*
Obróbka przy pomocy łuku elektrycznego - Zerspanen *n* mit Hilfe des Lichtbigens
Obróbka skrawaniem - span(abheb)ende Bearbeitung *f*
Obwodowa spoina pachwinowa - Rundkehlnaht *f*
Obwodowa spoina pachwinowa wykonana automatycznie - Automatisch geschweißte Rundnaht *f*
Obwód przemiennego prądu spawania - Schweißwechselstromkreis *m*, Wechselstromschweißkreis *m*
Obwód spawania łukowego - Lichtbogenschweißstromkreis *m*
Ochrona argonowa - Argongasschutz *m*
Ochrona gazowa w postaci CO_2 - CO_2-Schutz *m*, CO_2-Gasschutz *m*
Ochrona przed pożarem przy cięciu - Brandschutz *m* beim Schneiden
Odległość (przestrzeń) łuku - Lichtbogenabstand *m*, Lichtbogenlänge *f*
Odległość od krawędzi - Randabstand *m*
Odporność na pękanie - Rißbeständigkeit *f*, Rißsicherheit *f*, Rißfestigkeit *f*
Odporność na ścieranie - Verschleißfestigkeit *f*, Verschleißwiderstand *m*
Odporność na utlenianie - Oxidationsbeständigkeit *f*
Odporny na korozję - korrosionsbeständig
Odporny na pękanie - rißfest
Odporny na ścieranie - verschleißfest, abriebbeständig
Odpowiedni do spawania - schweißgerecht

Odstęp koncówka stykowa - materiał spawany - Abstand *m* Kontaktdüse-Werkstück

Odstęp między ramionami, rozstaw ramion - Abstand *m* zwischen den Armen, Armabstand *m*, Armdurchlaß *m*

Odstęp rowka - Stirnflächenabstand, Stegabstand *m*

Okolica (strefa) spoiny - Nahtumfang *m*, Schweißnahtumfang *m*

Okres jarzenia [się] łuku - Brennperiode *f* des Lichtbogens

Oporność łuku [elektrycznego] - Lichtbogenwiderstand *m*

Opór (oporność) styku - Kontaktwiderstand *m*, Berührungswiderstand *m*

Oscylacja (drganie) łuku [elektrycznego] - Lichtbogenschwingung *f*

Oskardzik - Meißelhammer *m*, Pickhammer *m*, Elektrodenhammer *m*

Osłona [gazowa] grani - Wurzelschutz *m*, Gasschutz *m* der Nahtwurzel

Osłona argonowa - Argonhülle *f*, Argonschleier *m*, Argonschutzmantel *m*

Osłona łuku spawalniczego - Abschirmung *f* des Lichtbogens

Osuszanie powietrza - Lufttrocknen *n*, Lufttrocknung *f*

Oś dyszy - Düsenachse *f*

Oś elektrody - Elektrodenachse *f*

Oś łuku - Bogenachse *f*, Lichtbogenachse *f*

Oś spoiny (zgrzeiny) - Nahtachse *f*

Oś ściegu spawalniczego - Schweißraupenachse *f*

Oś uchwytu (palnika) spawalniczego - Schweißbrennerachse *f*

Otulina - Hülle *f*, Umhüllung *f*, Ummantelung *f*

Otulina celulozowa - Zelluloseumhüllung *f*, Ze-Hülle *f*

Otulina elektrody - Elektrodenumhüllung *f*

Otulina kwaśna - Erzsaure Hülle *f*

Otulina rury - Rohrumhüllung *f*, Rohrummantelung *f*

Otulina utleniająca - Oxidische Hülle *f*, oxidische Umhüllung *f*

Otulina zawierająca składniki stopowe - Legierte Hülle (Umhüllung) *f*

Otulona elektroda do spawania ręcznego - Umhüllte Handelektrode *f*

Otulona elektroda metalowa - Umhüllte Metallelektrode *f*

Otulona elektroda spawalnicza - Umhüllte Schweißelektrode *f*

Otulony drut spawalniczy - Umhüllter Schweißdraht *m*

Otulony pręt dodatkowy - Umhüllter Zusatzstab *m*

Otulony pręt spawalniczy - Umhüllter Schweißstab (Stab) *m*

Palnik - Brenner *m*

Palnik acetylenowo-tlenowy - Azetylen-Sauerstoffbrenner *m*

Palnik acetylenowy - Azetylenschweißbrenner *m*

Palnik do cięcia - Schneidbrenner *m*

Palnik do cięcia gazowego - Autogenschneidbrenner *m*

Palnik do cięcia łukiem plazmowym - Plasmaschneidbrenner *m*
Palnik do cięcia żeliwa - Gußeisenschneidbrenner *m*
Palnik do lutowania - Azetylenlötkolben *m*
Palnik do lutowania twardego - Hartlötbrenner *m*
Palnik do spawania - Schweißbrenner *m*
Palnik lutowniczy - Lötlampe *f*, Lötpistole *f*
Palnik na gaz i sprężone powietrze - Druckluft-Gas-Brenner *m*
Palnik odporny na powrót płomienia - Rückschlagsicherer Brenner *m*
Palnik plazmowy - Plasmabrenner *m*
Palnik TIG chłodzony powietrzem - Luftgekühlter WIG-Brenner *m*
Palnik TIG, uchwyt elektrody wolframowej do spawania
        w osłonie argonu - WIG-Brenner *m*,
               Wolfram-Inertgas- Brenner *m*, Argonarc-Brenner *m*
Palnik z płaszczem chłodzącym - Mantelbrenner *m*
Palnik zwykły - Normalbrenner *m*
Parametry łuku - Kenngrößen des Lichtbogens, Lichtbogenparameter *m pl*
Parametry procesu lutowania twardego - Hartlötparameter *m pl*
Partia (wsad) topnika - Pulvercharge *f*
Pasta do lutowania twardego - Hartlötpaste *f*
Pasta lutownicza - Lötpaste *f*
Pasta polerska - Polierpaste *f*
Pasta ścierna - Schleifpaste *f*
Pasta uszczelniająca - Dichtungsmasse *f*
Pełzanie - Kriechen *n*
Pęcherz gazowy (np. w odlewie) - Gasblase *f*
Pęcherz powierzchniowy - Randblase *f*
Pękanie (tworzenie się pęknięć) na zimno - Kaltrißbildung *f*
Pękanie na gorąco materiału rodzimego (podstawowego) -
          Warmrißbildung *f* im Grundwerkstoff
Pękanie spoiny, tworzenie się pęknięć w spoinie -
          Nahtrißbildung *f*, Rißbildung *f* in der Schweißnaht
Pęknięcie - Riß *m*
Pęknięcie ciągliwe - zäher Bruch, Verformungsbruch *m*
Pęknięcie krateru - Kraterriß *m*
Pęknięcie na gorąco - Warmriß *m*
Pęknięcie na zimno - Kaltriß *m*
Pęknięcie naprężeniowe - Spannungsriß *m*
Pęknięcie poprzeczne - Querriß *m*
Pęknięcie skurczowe - Schrumpfriß *m*, Schwindriß *m*

Pęknięcie w grani - Wurzelriß *m*
Pęknięcie w materiale rodzimym - Riß *m* im Grundwerkstoff
Pęknięcie w osi ściegu - Nahtmittiger Riß *m*
Pęknięcie z przepalenia - Brandriß *m*
Piec do karbidu - Karbidofen *m*
Piec do lutowania twardego - Hartlötofen *m*
Piec łukowy - Lichtbogenofen *m*
Pierścień miedziany - Kupferring *m*
Pierścień miedziany chłodzony licem wodą -
    Wassergekühlter Kupferring *m*
Pierścień w postaci wkładki - Einlegering *m*, Unterlegering *m*
Pierwiastek stopowy - Legierungselement *n*
Piła tarczowa - Kreissäge *f*
Pistolet do elektronitowania - Lichtbogenpunktschweißpistole *f*
Pistolet łukowy do metalizacji - Lichtbogenmetallspritzpistole *f*
Pistolet do spawania ręcznego w CO$_2$ - CO$_2$-Hand[schweiß]pistole *f*
Plamka anodowa - Anoden[brenn]fleck *m*
Plamka katodowa - Katoden[brenn]fleck *m*
Plan kolejności cięcia tlenem - Brennschneidfolgeplan *m*
Platerować drogą lutowania - Lötplattieren, plattierlöten
Platerowanie drogą lutowania - Lötplattieren *n*, Plattierlöten *n*
Platerowanie przez napawanie - Aufschweißplattieren *n*,
    Schweißplattieren *n*, Plattierungsschweißen *n*
Platerowanie przez nawalcowywanie - Walzplattieren *n*
Platerowanie przez odlewanie - Gießplattieren *n*
Platerowanie przez zgrzewanie - Preßschweißplattieren *n*
Platerowany - plattiert
Plazma argonowa (argonu) - Argonplasma *n*
Plazma CO$_2$ (dwutlenku węgla) - CO$_2$-Plasma *n*
Plazma łuku - Bogenplasma *n*, Lichtbogenplasma *n*
Płaskownik - Flacheisen *n*
Płomień acetylenowo powietrzny - Azetylen-Luft-Flamme *f*
Płomień acetylenowy - Azetylen[gas]flamme *f*
Płomień nawęglający - Karburiende (aufkohlende) Flamme *f*
Płomień normalny - Normalle Flamme *f*, Normalflamme *f*
Płomień palnika do cięcia - Schneidbrennerflamme *f*
Płomień tnący - Schneidflamme *f*
Pneumatyczna zgrzewarka doczołowa - Druckluftbetätigte
    Stumpfschweißmaschine *f*

Pneumatyczna zgrzewarka liniowa - Druckluftbetätigte
    Nahtschweiß-machine f
Pobliże, otoczenie łuku elektrycznego - Lichtbogennähe f,
    Lichtbogenumgebung f des Lichtbogens
Pobór CO_2 - CO_2-Entnahme f, CO_2-Gasentnahme f
Początek spoiny - Anfang m der Schweißnaht, Schweißnahtanfang m
Początek szwu spoiny (zgrzeiny) - Nahtanfang m
Podajnik drutu - Drahteinschubgerät n, Drahtvorschubgerät n
Podajnik posuwający drut ze stałą szybkością -
    Drahteinschubgerät für konstanten Drahtvorschub
Podatność do cięcia - Schneidbarkeit f
Poddający się lutowaniu twardemu - hartlötbar
Poddający się zgrzewaniu zgniotowemu (na zimno) -Kaltpreßschweißbar
Podgrzewacz (grzałka) do CO_2 - CO_2-Vorwärmer m
Podgrzewanie wstępne - Vorwärmen n
Podkładka, szyna aluminiowa - Aluminiumschiene, Aluminiumunterlage f
Podkładka jeziorka spawalniczego - Schweißbadsicherung f
Podkładka miedziana - Kupferunterlage f, Kupferplatte f
Podkładka taśmowa - Unterlegstreifen m, Unterlage f
Podkładka z taśmy aluminiowej - Aluminiumunterlegstreifen m
Podłączenie przewodu spawalniczego - Anschluß m für Schweißkabel
Podnośnik - Heber m, Aufzug m, Hubförderer m
Podpoina - Kapplage f
Podpora - Auflager n, Stütze f, Widerlager n
Podstawa łuku spawalniczego - Basis f (Fußpunkt m) des Lichtbogens,
    Lichtbogenfußpunkt m, Bogenbasis f, Lichtbogenbasis f
Podtopienie - Einbrandkerb m
Podtrzymywanie łuku [spawalniczego] - Aufrechterhalten (Halten) n des
    Lichtbogens, Aufrechterhaltung f der Bogenentladung
Podziałka (garbów) - Buckelabstand m
Podziałka rzędów - Reihenabstand m
Podziałka zgrzein - Punktabstand m
Pojemność butli - Flaschenrauminhalt m, Flaschenvolumen n
Połączenie aluminium lutowaniem twardym -
    Aluminiumhartlötverbindung f
Połączenie spawane sworznia z materiałem podstawowym -
    Bolzenschweißverbindung f
Połączenie spawane wykonane przy pomocy spawania łukowego-
    E-schweißverbindung f, Lichtbogenschweißverbindung f

Połączenie teowe spoinami pachwinowymi bez odstępu - Kehlnahtverbindung *f* ohne Luftspalt

Połączenie wykonane przy pomocy spawania CO_2 - CO_2-Schweißverbindung *f*, CO_2-geschweißte Verbindung *f*

Pomiary korygujące [przeciwko uginaniu się łuku] - Gegenmaßnahmen *f pl* [zur Bekämpfung der Blaswirkung]

Pomocnicze źródło prądu - Hilfsstromquelle *f*

Ponowne zajarzenie łuku [spawalniczego] - Neuzünden *n* des Lichtbogens, wiederholtes Zünden *n* des Lichtbogens

Powierzchnia cięcia - Schnitt[ober]fläche *f*

Powierzchnia miedziowana - Verkupferte Oberfläche *f*

Powierzchnia przekroju łuku - Querschnittsfläche *f* des Lichtbogens

Powierzchnia przekroju stopiwa - Schweißgutquerschnittsfläche *f*

Powierzchnia spoiny - Nahtfläche *f*

Powierzchnia spoiny z łuskowatością - Nahtoberfläche mit Schuppung

Powierzchnia styku - Lippe *f*

Powierzchnia styku folii - Folienkontaktfläche *f*

Powierzchnia twardej lutowiny - Hartlötfläche *f*

Powierzchnia zakładki - Überlappfläche *f*

Powierzchnie klejlone - Klebflächen *f pl*

Powłoka żużlowa, warstwa żużla - Schlackendecke *f*

Powrót gazu - Gasrücktritt *m*

Powstawanie krateru, tworzenie się krateru - Kraterbildung *f*

Powstawanie pęknięć - Rißbildung *f*, Rißentstehung *f*

Półautomat do spawania w atmosferze CO_2 - CO_2-Halbautomat *m*

Półautomatyczne spawanie w atmosferze gazu - Halbautomatisches (halbmaschinelles) Schutzgasschweißen *n*

Praca (czynność) napawania - Auftragschweißarbeit *f*

Praca przy lutowaniu twardym - Hartlötarbeit *f*

Praca przy spawaniu automatycznym - Automatenschweißbetrieb *m*

Praca przy spawaniu łukowym - Elektroschweißarbeit *f*, Lichtbogenschweißarbeit *f*

Prąd - Strom *m*

Prąd cięcia - Schneidstrom *m*

Prąd łuku - Bogenstrom *m*, Lichtbogenstrom *m*

Prąd przemienny wysokiej częstotliwości - Hochfrequenter Wechselstrom

Prąd wiązki - Strahkstrom *m*

Prąd wyiskrzania, prąd przy wyiskrzaniu - Abbrennstrom *m*

Prąd zajarzania łuku - Lichtbogenbrennstrom *m*, Zündstrom *m*

Prądnica do łukowego spawania - Lichtbogenschweißgenerator *m*,
 Schweißgenerator *f* für das Lichtbogenschweißen
**Prądnica o stałym napięciu, prądnica z płaską charakterystyką
 zewnętrzną** - Konstantspannungsgenerator *m*
Prądnica prądu stałego - Generator *m* für konstanten Strom
Prądnica spawalnicza prądu stałego - Schweißgenerator *m* für
 konstanten Strom
Prądnica spawalnicza ze wzmożoną reakcją twornika -
 Schweißgenerator *m* mit Ankerrückwirkung
Prądnica z polem poprzecznym - Querfeldgenerator *m*
Prędkość lutowania twardego - Hartlötgeschwindigkeit *f*
Prędkość narastania prądu - Stromanstiegsgeschwindigkeit *f*
Prędkość posuwu drutu - Drahtvorschubgeschwindigkeit *f*
Prędkość posuwu łuku - Bewegungsgeschwindigkeit *f* des Lichtbogens
Pręt do lutowania twardego - Hartlötstab *m*
Pręt do spawania żeliwa - Gußschweißstab *m*, gegossener Schweißstab *m*
Pręt goły - Nackter Stab *m*
Pręt węglowy - Kohlestab *m*
Pręt węglowy do spawania łukowego - Kohlelichtbogenschweißstab *m*
Pręt zbrojeniowy - Bewehrungseisen *n*
Pręt żeliwny - Gußeisenstab *n*
Proces cięcia - Schneidprozeß *m*, Schneidvorgang *m*
Proces spawania - Schweißverfahren *n*
Proces bezłukowy - Lichtbogenloser Prozeß *m*
Proces lutowania twardego - Hartlötverfahren *n*
Proces spawania TIG bez materiału dodatkowego - WIG-Verfahren *n*
 ohne Zusatzwerkstoff
Produkcja (wytwarzanie) acetylenu - Azetylen[gas]erzeugung *f*,
 Azetylenentwicklung *f*
Produkt spalania - Verbrennungsprodukt *n*
Promieniowanie łuku elektrycznego - Lichtbogenstrahlung *f*
Promień świetlny - Lichtstrahl *m*
Promień zaokrąglenia dna rowka - Fugenradius *m*
Prostowanie blachy - Blechspannen *n*, Ausbeulen *n*, Planieren *n*
Prostowanie na zimno - Kaltrichten *n*
Prostownica - Richtmaschine *f*
Prostownica do blachy - Blechrichtmaschine *f*
Prostownik - Gleichrichter *m*
Prostownik do spawania łukiem elektrycznym-Lichtbogengleichrichter *m*

Prostownik o stałym napięciu [roboczym], prostownik z płaską charakterystyką zewnętrzną-Konstantspanungsgleichrichter *m*
Proszek (topnik) do spawania aluminium - Aluminiumschweißpulver *n*
Prowadzenie łuku - Führung *f* des Lichtbogens, Lichtbogenführung *f*
Próba, badanie na kruche pękanie -Sprödbruchversuch, Sprödbruchtest *m*
Próba spawania łukowego - Lichtbogenschweißversuch *m*
Próba Baumanna (na siarczki)-Baumann-Abdruck *m*, Schwefelabdruck *m*
Próba Charpy-V - Charpy-Kerbschlagversuch *m*,
    Kerbschlagversuch *m* nach Charpy
Próba cięcia - Schneidversuch *m*
Próba CTS - CTS-Versuch *m*, CTS-Test *m*
Próba napawania - Aufschweißversuch *m*, Ausschweißversuch *m*
Próba odbiorcza, badanie odbiorcze - Abnahmeprüfung *f*
Próba spawania prądem przemiennym-Wechselstromnschweißversuch *m*
Próba twardości Brinella - Brinellkugeldruckversuch *m*,
    Brinellhärteprüfung *f*, Härteprüfung *f* nach Brinell
Próba zginania napawanej próbki - Aufschweißbiegeversuch *m*
Próbka [pobrana] z czystego spoiwa - Probe *f* aus reinem Schweißgut,
    reine Schweißgutprobe *f*
Próbka Charpy-V - Charpy-Probe *f*
Próbka napawana do próby zginania, próbka Kommerella -
    Aufschweißprobe *f*, Probe *f* für den Aufschweißbiegeversuch
Próbka spawana (zgrzewana) doczołowo - Stumpfgeschweißte Probe *f*
Próbka spoiny czołowej - Stumpfnahtprobe *f*
Próbka wykonana przy pomocy spawania łukowego -
    Lichtbogenschweißprobe *f*
Próbka z karbem Charpy-V - Charpy-Kerbschlagprobe *f*,
    Charpy-Spitzkerbprobe *f*, Charpy-V-Probe *f*
Próg - Stegflanke *f*
Przebicie łukowe - Überschlag *m*
Przebijać lukiem - Überschlagen
Przechodzenie [metalu] dużymi kroplami, przenoszenie [metalu] dużymi kroplami - Grobtropfiger Übergang *m*
Przechodzenie składników stopowych z metalu rodzimego do stopiwa -
    Zubrand *m*
Przeciążenie - Überlastung *f*
Przecięcie kołowe - Kreisschnitt *m*
Przecięcie krzywoliniowe - Kurvenschnitt *m*
Przecięcie kształtowe - Konturenschnitt *m*

Przecięcie kształtowe łukiem plazmowym - Plasmakonturenschnitt *m*
Przecinacz łukowo-tlenowy - Lichtbogenbrennschneider *m*
Przedłużacz - Verlängerer *m*, Verlängerungsschnur *f*
Przedłużać - verlängern
Przedłużenie łuku - Bogenverlängerung *f*
Przegrzanie - Überhitzung *f*, Überhitzen *n*
Przejście ściegu - Raupenübergang *m*
Przekrój poprzeczny elektrody - Elektrodenquerschnitt *m*
Przekrój drutu spawalniczego - Schweißdrahtquerschnitt *m*
Przekrój dyszy - Düsenquerschnitt *m*
Przekrój łuku elektrycznego - Lichtbogenquerschnitt *m*,
          Querschnitt *m* des Lichtbogens
Przekrój metalu spoiny, przekrój stopiwa - Schweißgutquerschnitt *m*
Przekrój spawany - Schweißquerschnitt *m*, geschweißter Querschnitt *m*
Przekrój spoiny (zgrzeiny) -Nahtquerschnitt *m*, Schweißnahtquerschnitt *m*
Przekrój ściegu - Raupenquerschnitt *m*
Przekrój wiązki - Strahlquerschnitt *m*
Przekrój złącza - Verbindungsquerschnitt *m*
Przemienny prąd spawania - Schweißwechselstrom *m*, Wechselstrom *m*
          zum Schweißen
Przemieszczanie [się] węgla - Kohlenstoffwanderung *f*
Przepalać - Durchbrennen
Przepalanie - Durchbrennen *n*
Przepływ argonu - Argondurchflußmenge *f*
Przepływ CO_2, ilość przepływającego CO_2 - CO_2-Durchflußmenge *f*
Przepływomierz argonu, rotametr do argonu - Argonmengenmesser *m*
Przerwa, czas przerwy [w przepływie prądu] - Strompause *f*
Przerwanie prądu - Stromunterbrechung *f*
Przerwanie łuku (spawalniczego) - Abreißen *n* des Lichtbogens
Przerwanie prądu - Stromunterbrechung *f*
Przeskok łuku - Bildung *f* eines Lichtbogens
Przeskok płomienia - Zurückschlagen *n* der Flamme, Flammenumkehr *f*
Przestrzeń łuku - Bogenraum *m*, Lichtbogenraum *m*
Przesunięcie zgrzein - Versatz *m*
Przetop w grani - Wurzeleinbrand *m*
Przetopić spoinę w grani - durchschweißen
Przetwornica do spawania łukowego - Lichtbogenschweißumformer *m*
Przewodność materiału rodzimego - Leitfähigkeit *f* des Grundwerkstoffes
Przewodzenie prądu - Stromübertragung *f*

Przewód spawalniczy - E-schweißkabel *n*, Lichtbogenschweißkabel *n*
Przyklejanie (przyczepianie) odprysków - Anhaften *n* von Spritzern
Przykładka chłodząca - Kühlschuh *m*
Przykładka miedziana - Kupferschuh *m*
Przykładka stykowa - Kontaktschuh *m*
Przykładki miedziane chłodzone wodą - Wassergekühlte Kupferschuhe
      (Formschuhe, Kupferformschuhe, Kupfergleitschuhe) *m pl*
Przyłbica odchylna do spawania łukowego - Schweißkappe *f*,
      Absaugvorrichtung *f* für die Schweißdämpfe
Przyłbica spawacza - Schweißerschutzhaube *f*, Schweißer[schutz]helm *m*
Przypawanie sworzni przy pomocy energii kondensatora -
      Bolzen[an]schweißen *n* mit Kondensatorentladung,
      Kondensatorbolzenanschweißen *n*
Przypawanie sworzni w atmosferze CO_2 - Bolzenschweißen *n* unter
      CO_2-Gasschutz, CO_2-Bolzenanschweißen *n*,
      CO_2-Bolzenschweißen *n*
Pulpit sterowniczy maszyny do cięcia -Steuerpult *m* der Schneidmaschine
Punkt (miejsce) zajarzenia łuku - Ansatzpunkt *m* des Lichtbogens,
      Zündstelle *f*, Lichtbogenansatzstelle *f*
Punktak - Körner *m*
Punktak podwójny - Doppelkörner *m*, Streichmaß *n*
Punktak ślusarski - Anreißkörner *m*
Punktarka - Punktschweißmaschine *f*
Pył karbidowy - Karbidstaub *m*
Pył szlifierski, proszek ścierny - Schleifstaub *m*
Ramię dolne - Unterarm *m*
Ramię dolne do zgrzewania wzdłużonego - Längsnahtunterarm *m*
Rąbek zgrzeiny - Grat *m*
Rdzeniowy (proszkowy) drut spawalniczy - Gefüllter Schweißdraht *m*,
      Seelen[schweiß]draht *m*, Pulverelektrode *f*
Rdzeń - Kern *m*, Seele *f*, Lichtbogenkern *m*, Bogenkern *m*
Rdzeń (część środkowa) słupa łuku - Bogenkern *m*, Lichtbogensäule *f*
Rdzeń w postaci pręta - Kernstab *m*
Reduktor ciśnienia do acetylenu - Azetylen[gas]druckminderer *m*
Reduktor do gazu palnego - Druckminderer *m* für Brenngas
Reduktor równoprężny - Gleichdruckregler *m*
Regulacja (korygowanie) wtopienia - Einbrandregelung *f*,
      Regelung (Kontrolle) *f* des Einbrandes
Regulacja (nastawianie parametrów) płomienia - Einstellung *f* der

Flamme, Flammeneinstellung *f*
Regulacja długości łuku - Regelung *f* der Bogenlänge
Regulacja jeziorka spawalniczego, sterowanie jeziorkiem spawalniczym
    Schweißbadregelung *f*, Kontrolle *f* des Schweißbades,
    Badbeherrschung *f*, Beherrschung *f* des Schmelzbades
Regulacja prądu - Stromregelung *f*
Rękojeść palnika (uchwytu) - Brenner[hand]griff *m*, Handgriff *m*,
    (Griffstück *n*) des Brenners
Rodzaj (typ) otuliny - Umhüllungsart *f*, Umhüllungstyp *m*
Rodzaj łuku - Art *f* des Lichtbogens, Lichtbogenart *f*, Bogenart *f*
Rodzaj prądu - Stromart *f*
Rola stykowa, krążek stykowy - Kontaktrolle *f*
Rowek bez progu - Fuge *f* ohne Stegabstand
Rowek pierścieniowy - Ringnut *f*
Rozdzielacz gazu - Gasverteiler *m*
Rozprysk - Zerspringen *n*
Rozpuszczalnik - Lösemittel *n*
Rozszerzanie się pękania - Rißausbreitung *f*, Rißfortpflanzung *f*
Rozwój [techniczny] topnika - Pulverentwicklung *f*,
    Schweißpulverentwicklung *f*
Równoważnik węgla - C-Äquivalent *n*, Kohlenstoffäquivalent *n*
Ruch łuku, przemieszczanie się łuku - Bewegung *f* des Lichtbogens
    Lichtbogenbewegung *f*
Ruch wahadłowy poprzeczny [elektrody] - seitliches Pendeln *n*
Ruch wiązki - Strahlbewegung *f*
Rura - Rohr *n*
Rurka [do] tlenu tnącego - Schneidsauerstoffrohr *n*
Rurka stykowa - Kontaktrohr *n*
Rurociąg - Rohrleitung *f*
Rurociąg do acetylenu - Azetylenrohrieitung *f*
Rurociąg gazu palnego - Brenngasleitung *f*
Rysunek izometryczny - Isometrische Zeichnung *f*
Samoczynna (automatyczna) głowica do spawania łukiem krytym -
    UP-Automatenschweißkopf *m*, Schweißkopf *m* zum
    automatischen UP-Schweißen
Samoczynne spawanie pionowe - Automatisches Senkrechtschweißen
    (Vertikalschweißen) *n*
Samoregulacja łuku elektrycznego - Lichtbogenselbstregelung *f*
Sanie do przesuwania palnika (uchwytu), suport palnika (uchwytu) -

Brennerschiltten *m*, Brennersupport *m*
Siła adhezyjna (przylegania) - Bindungsvermögen *n*
Siła uginająca łuk - Lichtbogenablenkungskraft *f*
Skład chemiczny otuliny - Umhüllungszusammensetzung *f*,
        Zusammensetzung *f* der Hülle
Skład chemiczny drutu spawalniczego - Schweißdrahtzusammensetzung *f*
Skład chemiczny rdzenia w postaci drutu- Kerndrahtzuzammensetzung *f*,
        Zuzammensetzung *f* des Kerndrahtes
Skład chemiczny spoiny - Zusammensetzung *f* der Schweißnaht,
        Schweißnahtzusammensetzung *f*
Skład chemiczny stopiwa - Schweißgutzuzammensetzung *f*
Skład materiału rodzimego - Grundwerkstoffzusammensetzung *f*,
        Zusammensetzung *f* des Grundwerkstoffes
Składniki otuliny - Hüllenbestandteile mpl, Umhüllungsbestandteile *m pl*,
        Umhüllungskomponenten *f pl*
Skłonność do pękania - Neigung *f* zur Rißbildung, Rißneigung *f*
Skurcz kątowy - Winkelschrumpfung *f*
Skurcz na skutek spawania - Schweißschrumpfung *f*
Skuteczne napięcie spawania - Effektive Schweißspannung *f*
Skuteczny prąd spawania - Effektiver Schweißstrom *m*
Słup łuku [gazowy] - Bogensäule *f*, Gassäule *f* des Bogens
Słup plazmy - Plasmasäule *f*
Smar - Schmierstoff *m*, Schmierfett *n*
Spadek ciśnienia - Druckabfall *m*
Spadek napięcia w słupie łuku - Abfall *m* an der Säule,
        Spannungsabfall *m* (über) der Bogensäule
Spalanie acetylenu - Azetylenverbrennung *f*
Spawacz uprawniony do spawania łukowo-wodorowego -
        Arcatom-Schweißer *m*
Spawacz uprawniony do spawania metodą TIG -
        WIG-Schweißer *m*, Argonarc-Schweißer *m*
Spawacz w CO$_2$ - CO$_2$-Schweißer *m*
Spawacz wykonujący podpawanie grani spoiny - Kapplagenschweißer *m*
Spawać (zgrzewać) druty na krzyż - Kreuzdrahtschweißen
Spawać łukowo-wodorowo (arcatomowo) - Arcatomschweißen
Spawać łukowo, spawać łukiem elektrycznym, spawać elektrycznie -
        Lichtbogenschweißen, elektrisch schweißen
Spawalnia elektryczna, warsztat spawania elektrycznego -
        Elektroschweißerei *f*, Lichtbogenschweißerei *f*,

Lichtbogenschweißwerkstatt *f*
Spawalniczy palnik gazowy - Autogenschweißbrenner *m*,
    Gasschweißbrenner *m*
Spawalniczy pręt brązowy - Bronzeschweißstab *m*
Spawalniczy pręt niklowo-miedziany - Nickel-Kupfer-Schweißstab *m*
Spawalniczy stop aluminiowy - Aluminiumschweißlegierung *f*
Spawalność na zimno - Kaltschweißbarkeit *f*
Spawalny łukiem [elektrycznym] - Lichtbogenschweißbar
Spawalny na zimno - kaltschweißbar
Spawalny, zgrzewalny - schweißbar
Spawana część aluminiowa - Aluminiumschweißteil *n*
Spawane złącze kątowe (narożne) - Winkelstoßschweißverbindung *f*
Spawanie - Schweißen
Spawanie (układanie) ściegu - Raupenschweißen *n*
Spawanie (zgrzewanie liniowe) obwodowe - Rundnahtschweißen *n*,
    Schweißen *n* von Rundnähten
Spawanie (zgrzewanie) drutów na krzyż - Kreuzdrahtschweißen *n*
Spawanie (zgrzewanie) obwodowe - Schweißen *n* von Umfangsnähten
Spawanie [elektro]żużlowe ze stapianą prowadnicą drutów
    elektrodowych - Elektro-Schlacke-Schweißen *n* mit
    abschmelzender (verzehrbarer) Düse
Spawanie metodą TIG bez materiału dodatkowego - WIG-Schweißen *n*
    ohne Zusatzwerkstoff
Spawanie metodą TIG, spawanie elektrodą wolframową w osłonie
    gazu pobojętnego - WIG-Schweißen *n*,
    Wolfram-Schutzgas-Schweißen *n*
Spawanie acetylenowe - Azetylenschweißen *n*, Gas-schmelzschweißen *n*
Spawanie acetylenowo-tlenowe - Azetylen-Luft-Schweißen *n*
Spawanie aluminium elektrodą wolframową w osłonie gazu obojętnego,
    spawanie TIG aluminium -WIG-Aluminiumschweißen *n*
Spawanie aluminium metodą MIG - MIG-Aluminiumschweißen *n*
Spawanie automatyczne - Automatisches Schmelzschweißen *n*
Spawanie automatyczne (samoczynne) - Automatenschweißen *n*,
    automatisches (selbstablaufendes) Schweißen *n*,
    Schweißen mit Schweißautomaten *m*
Spawanie automatyczne metodą TIG - WIG-Automatenschweißen *n*,
    automatisches WIG-Schweißen *n*
Spawanie automatyczne elektrodą węglową - Kohleautomatenschweißen,
    automatisches Kohlelichtbogenschweißen *n*

Spawanie automatyczne gołym drutem - automatisches Schweißen *n* mit Blankdraht

Spawanie automatyczne we wszystkich pozycjach - Automatenschweißen in allen Positionen

Spawanie beczek - Faßschweißen *n*

Spawanie berylu - Berylliumschweißen *n*, Schweißen *n* von Beryllium

Spawanie bezłukowe - Lichtbogenloses Schweißen *n*

Spawanie brązu - Bronzeschweißen *n*, Schweißen *n* von Bronze

Spawanie ceramiki - Keramikschweißen *n*

Spawanie cienkim drutem w [atmosferze] CO_2 - CO_2-Dündrahtschweißen *n*

Spawanie cienkim drutem w osłonie argonu - Dünndrahtschweißverfahren *n* unter Argon

Spawanie drutem elektrodowym w CO_2 - CO_2-Schweißen *n* mit Kerndraht (Volldraht), Schutzgasschweißen *n* unter CO_2 mit Kerndraht

Spawanie dwoma głowicami jednocześnie w atmosferze CO_2 - CO_2-Doppelkopfschweißen *n*

Spawanie dwustronne - Beiderseitiges Schweißen *n*

Spawanie dwustronne łukiem krytym - Zweiseitiges UP-Schweißen *n*

Spawanie dźwigara - Trägerschweißung *f*

Spawanie elektrodami otulonymi - Manteldrahtschweißen *n*, Schweißen *n* mit umhüllten Elektroden

Spawanie elektrodą otuloną ciągłą - Schweißen *n* mit endloser umhüllter Elektrode

Spawanie elektrodą topliwą w CO_2 - CO_2-Schutzgasschweißen *n* mit abschmelzender Elektrode

Spawanie gazowe, spawanie palnikiem acetylenowo-tlenowym - Autogenschweißen *n*, Gasschweißen *n*, Azetylen-Sauerstoff-Schweißen *n*, Gasschmelzschweißen *n*

Spawanie gołym drutem - Blankdrahtschweißen *n*, Schweißen *n* mit Blankdraht, Nacktdrahtschweißen *n*

Spawanie gołym drutem w CO_2 - CO_2-Blankdrahtschweißen *n*, Schweißen *n* mit blanken Drähten unter CO_2

Spawanie gołymi (nieotulonymi) elektrodami - Schweißen *n* mit nackten (blanken) Elektroden, Schweißen (Lichtbogenschweißen) *n* ohne Schutzgas, Nacktdrahtschweißen *n*

Spawanie kaskadowe, kaskadowe układanie ściegów spoiny - Kaskadenschweißen *n*

Spawanie kotłów - Kesselschweißen n
Spawanie łukiem krytym prądem przemiennym - UP-Schweißen n
    mit Wechselstrom, UP-Wechselstromschweißen n
Spawanie łukiem elektrycznym - Lichtbogengeschweißt
Spawanie łukiem krótkim w atmosferze CO_2 -
    CO_2-Kurzlichtbogenschweißen n,
    Kurzlichtbogenschweißen n unter CO_2,
    CO_2-Schweißen n mit Kurzlichtbogen
Spawanie łukiem krótkim w osłonie argonu - Kurzlichtbogenschweißen n
    unter Argon
Spawanie łukiem krytym prądem przemiennym - UP-Schweißen n mit
    Wechselstrom
Spawanie łukowe - Lichtbogenschweißen n
Spawanie łukowe elektrodami otulonymi - Lichtbogenschweißen n mit
    Mantelelektroden (umhüllten Elektroden),
    Lichtbogenmantelrdahtschweißen n
Spawanie łukowe elektrodą węglową - Kohle[lichtbogen]schweißen n,
    Schweißen n mit Kohlelichtbogen
Spawanie łukowe gołą elektrodą - Lichtbogenschweißen n mit nackter
    Elektrode, Lichtbogennacktdrahtschweißen n
Spawanie łukowe gołą elektrodą metalową - Metall-
    Lichtbogenschweißen n mit nackter Elektrode
Spawanie łukowe metalową elektrodą otuloną - Metall-
    Lichtbogenschweißen n mit umhüllter Elektrode
Spawanie łukowe pod wodą, podwodne spawanie łukowe -
    Lichtbogenschweißen n unter Wasser
Spawanie łukowe prądem przemiennym - Lichtbogenschweißen n mit
    Wechselstrom, Schweißen n mit Wechselstromlichtbogen
Spawanie łukowe stapiającą się elektrodą - LichtbogenschweiSchweißen
    n mit abschmelzender Elektrode
Spawanie łukowe stapiającą się elektrodą - Lichtbogenschweißen n mit
    abschmezender Elektrode
Spawanie łukowe w osłonie (atmosferze) CO_2 -
    Lichtbogen-Schutzgasschweißen n unter CO_2
Spawanie łukowe w regulowanej atmosferze gazu ochronnego -
    Schweißen n mit kontrollierter Schutzgasatmosphäre
Spawanie łukowe we wszystkich pozycjach - Lichtbogenschweißen n in
    allen Positionen
Spawanie łukowe węglową elektrodą - Lichtbogenschweißen n mit

Kohleelektrode

Spawanie łukowe żeliwa - Gußeisenlichtbogenschweißen *n*

Spawanie łukowo-wodorowe - Arcatom-Schweißen *n*

Spawanie metodą Arcogen - Arcogen-Schweißen *n*

Spawanie metodą MIG, spawanie topiącą się elektrodą w osłonie
   argonu - Argon-MIG-Schweißen *n*, MIG-Schweißen *n*
   unter Argon

Spawanie metodą TIG, spawanie elektrodą wolframową w osłonie
   argonu - Argon-WIG-Schweißen *n*, WIG-Schweißen *n*
   unter Argon, WIG-Schweißen mit Argon als Schutzgas,
   TIG-Schweißen *n*

Spawanie miedzi - Kupferschweißen *n*, Schweißen *n* von Kupfer

Spawanie montażowe - Montageschweißen *n*

Spawanie mosiądzu - Messingschweißen *n*

Spawanie na wielką skalę - Großschweißung *f*

Spawanie na zimno - Kaltschweißen *n*

Spawanie obwodowe - Schweißen von Rundnähten, Rundnahtschweißen *n*

Spawanie obwodowe metodą MIG - MIG-Rundnahtschweißen *n*

Spawanie obwodowe rur - Rohrrundnahtschweißen *n*, Rundnahtschweißen
   n von Rohren

Spawanie obwodowe rur w CO_2 - CO_2-Rundnahtschweißen *n*

Spawanie otulonym drutem elektrodowym w CO_2 -
   CO_2-Schweißen *n* mit endloser umhülter Elektrode

Spawanie otworowe w CO_2 - CO_2-Lochschweißen *n*,
   CO_2-Schutzgaslosschweißen *n*

Spawanie pachwinowe w złączu kątowym - Ecknahtschweißen *n*,
   Schweißen *n* von Ecknähten

Spawanie plazmowe (łukiem zwężonym) - Schweißen *n* mit eingeengtem
   (eingeschnürtem) Lichtbogen, Plasmaschweißen *n*,
   Plasmalichtbogenschweißen *n*

Spawanie połączeniowe w CO_2 - CO_2-Verbindungsschweißen *n*

Spawanie prądem przemiennym - Schweißen *n* mit Wechselstrom

Spawanie prądem przemiennym jednofazowym -
   Einphasen-Wechselstrom-Schweißen *n*

Spawanie prowadnicowe, spawanie ze stapiającą się prowadnicą
   elektrody - Schweißen *n* mit verzehrbarer
   (abschmelzender) Düse, Schweißen mit Schmelzdüse

Spawanie przy stałym napięciu łuku - Schweißen *n* mit konstanter
   Spannung

Spawanie punktowe metodą MIG przy stałym napięciu łuku - MIG-Punktschweißen n mit konstanter Spannung

Spawanie punktowe metodą TIG - Argonarc-Punktschweißen n

Spawanie punktowe przy stałym napięciu [łuku] - Punktschweißen n mit konstanter Spannung

Spawanie punktowe w atmosferze CO_2 - CO_2-Punktschweißen n, Punktschweißen n unter CO_2, Lichtbogenpunktschweißen

Spawanie ruchem posuwisto-zwrotnym - Gegenschrittschweißen n, Schweißen n im Pilgerschritt, Pilgerschrittschweißen n

Spawanie rur w atmosferze CO_2 - CO_2-Rohrschweißen n

Spawanie rurociągów w CO_2 - CO_2-Schweißen n im Rohrlleitungsbau

Spawanie samoczynne metodą TIG - Maschinelles WIG-Schweißen n

Spawanie stali chromowej - Schweißen n von Chromstahl

Spawanie stali platierowanych - Schweißen n plattierter Stähle

Spawanie stali węglowej - Schweißen n von Kohlenstoffstahl

Spawanie stopów aluminium - Schweißen n von Aluminiumlegierungen

Spawanie stopów metodą MIG - MIG-Schweißen n von Legierungen

Spawanie stopów miedzi - Schweißen n von Kupferlegierungen

Spawanie termitowe - AT-Schweißen n, aluminothermisches Schweißen n

Spawanie termitowe żeliwa szarego - AT-Graugußschweißen n, aluminothermisches Graugußschweißen n

Spawanie topliwą elektrodą - Schweißen n mit abschmelzender Elektrode

Spawanie w atmosferze CO_2 elektrodą rdzeniową - Schweißen n mit Pulverdraht [unter CO_2-Schutz]

Spawanie elektrodą topliwą w osłonie CO_2 - Metall-Schutzgasschweißen unter CO_2, CO_2-MIG-Schweißen n,

Spawanie w atmosferze CO_2 - Schutzgasschweißen n, CO_2-Schweißen n

Spawanie w atmosferze argonu - Argonschutzgasschweißen, Schutzgasschweißen n mit Argon, Schweißen n unter Argon[schutzgas]

Spawanie w CO_2 elektrodą rurkową - CO_2-Schweißen n mit Röhrchendraht, Schweißen mit Röhrchendrähten unter CO_2 als Schutzgas, Röhrchendrahtschweißen n unter CO_2

Spawanie w CO_2 drutem o bardzo małej średnicy - CO_2-Mikrodrahtschweißen n

Spawanie w komorze - Kammerschweißen n

Spawanie w komorze o regulowanej atmosferze - Schweißen n in kontrollierter Atmosphäre (Gasatmosphäre), Schweißen in

Kammern mit kontrillierter Atmosphäre
Spawanie w osłonie argonu - Argonarc-Schweißen *n*
Spawanie w prawo - Nachrechtsschweißen *n*, Drahtnachlaufschweißen *n*
Spawanie we wszystkich pozycjach - Schweißen *n* in allen Positionen
Spawanie wielowarstwowe ściegami schodkowymi - Absatzweises
    Mehrlagenschweißen *n*
Spawanie z samoczynnym posuwem drutu - Schweißen *n* mit
    automatischen Drahtvorschub
Spawanie z zastosowaniem procesu odlewniczego - Gießschweißen *n*
Spawanie zautomatyzowane - Automatisiertes Schweißen
Spawanie złożone - Kombinationsschweißen *n*, kombiniertes Schweißen *n*
Spawanie żeliwa - Gußeisenschweißen *n*, Schweißen *n* von Gußeisen
Spawanie żeliwa na zimno - Kaltschweißen *n* von Gußeisen
Spawany w atmosferze CO$_2$ - CO$_2$-geschweißt, unter CO$_2$ geschweißt
Spawarka [samoczynna] do spawania elektrodą węglową - Automat für
    Kohleschweißung, Kohleautomat *m*
Spawarka do spawania łukowego prądem przemiennym -
    Wechselstromlichtbogenschweißmaschine *f*
Spawarka łukowo-wodorowa - Arcatom-Schweißgerät *n*,
    Arcatom-Schweißmaschine *f*
Spawarka o stałym napięciu - Konstantspannungs[schweiß]maschine *f*
Spawarka prądu przemiennego - Wechselstromschweißmaschine *f*
Spawarka TIG - WIG-Schweißmaschine *f*
Specjalna zgrzewarka doczołowa - Sonderstumpfschweißmaschine *f*
Spęczenie - Wulst *m*
Spiekany (ceramiczny) proszek stopowy - Gesinteres (keramisches)
    Legierungspulver *n*
Spiekany topnik do spawania łukiem krytym - Agglomeriertes
    UP-Schweißpulver *n*
Spoina austenityczna - Austenitschweißnaht *f*, austenitische Naht *f*
Spoina austenityczno-ferrytyczna - Austenitisch-ferritische Schweißnaht *f*
Spoina berylowa - Beryllium[schweiß]naht *f*
Spoina bez pęknięć - Rißfreie Naht *f*
Spoina brzeżna - Bördelnaht *f*
Spoina chromoniklowa - Chromnickel[schweiß]naht *f*
Spoina czołowa - Stoßnaht f, Stumpf[schweiß]naht *f*
Spoina czołowa 2V - DV-Naht *f*
Spoina czołowa bez odstępu [brzegów] - Stumpfnaht *f* ohne Luftspalt
Spoina czołowa V - V-Stumpfnaht *f*

Spoina czołowa V z progiem - Einseitige geschweißte Y-Naht *f* mit Steg
Spoina czołowa wykonana automatycznie - Automatisch geschweißte Stumpfnaht *f*
Spoina czołowa w złączu teowym - HV-Naht *f* am T-Stoft
Spoina czołowa z pełnym przetopem - Stumpfnaht *f* mit vollständigem Einbrand
Spoina czysta - Saubere Naht *f*
Spoina doczołowa na rurze - Rohrstumpfnaht *f*
Spoina dwustronna - Beiderseitige (beiderseitig geschweißte) Naht *f*
Spoina I bez odstępu (szczeliny) - I-Naht *f* ohne Luftspalt
Spoina J bez odstępu - J-Naht *f* ohne Luftspalt
Spoina K bez odstępu - K-Naht *f* ohne Luftspalt
Spoina kielichowa - Tulpennaht *f*, Kelchnaht *f*, U-Naht *f*
Spoina kotłowa (na kotle) - Kesselnaht *f*
Spoina kołkowana - gedübelte Fuge *f*
Spoina kołowa - Ringsumgeschweißte Naht *f*
Spoina konstrukcyjna - Konstruktionsschweißnaht *f*
Spoina krucha - Spröde Naht *f*
Spoina krzywoliniowa - Kurvennaht *f*, kurvenförmige Schweißnaht *f*
Spoina krzyżowa - Kreuznaht *f*
Spoina lutowana - Lötstelle *f*
Spoina miedziana - Kupfer[schweiß]naht *f*
Spoina montażowa - Montage[schweiß]naht *f*
Spoina obwodowa, szew obwodowy - Kreisnaht *f*, Rund[schweiß]naht
Spoina obwodowa na rurze - Rohrrund[schweiß]naht *f*
Spoina obwodowa wykonana metodą MIG - MIG-Rundnaht *f*
Spoina obwodowa wykonana metodą spawania elektrożużlowego - Elektro-Schlacke-Rundnaht *f*
Spoina obwodowa wykonana przy pomocy łuku plazmowego - Plasmarundnaht *f*
Spoina obwodowa zewnętrzna - Außenrundnaht *f*
Spoina otworowa - Lochnaht *f*
Spoina pachwinowa - Kehlnaht *f*, Ecknaht *f*
Spoina pachwinowa niesymetryczna - Ungleichschenkelige Kehnaht *f*
Spoina pachwinowa obustronna - Doppelkehlnaht *f*
Spoina pachwinowa poprzeczna - Stirnkehlnaht *f*
Spoina pachwinowa wklęsła - Hohlnaht *f*
Spoina pachwinowa wykonana automatycznie - Automatisch geschweißte Kehlnaht *f*

Spoina pachwinowa wykonana w CO₂ - CO_2-Kehlnaht *f*
Spoina pachwinowa wypukła - Wölbnaht *f*
Spoina pachwinowa wzdłużna - Flankenkehlnaht *f*
Spoina pachwinowa z brakiem przetopu - Kehlnaht *f* mit nicht erfaßter
    Wurzel
Spoina pachwinowa z głębokim przetopem - Kehnaht mit tiefen Einbrand
Spoina pachwinowa z odstępem - Kehlnaht *f* mit Spalt
Spoina pachwinowa z wypukłym licem - Konvexe (volle) Kehlnaht *f*,
    Vollkehlnaht *f*, Wölbkehlnaht *f*
Spoina pionowa - Fallnaht *f*
Spoina płaska - Flachnaht *f*
Spoina popękana - Gerissene (rissige) Schweißnaht *f*
Spoina pozioma - Quernaht *f*
Spoina próbna - Probe[schweiß]naht *f*
Spoina przegrzana - Verbrannte Naht *f*
Spoina pułapowa - Überkopfnaht *f*
Spoina punktowa wykonana spawaniem łukiem elektrycznym -
    Lichtbogenpunkten, Lichtbogenpunktschweißen *n*
Spoina punktowa z całkowitym wtopieniem - Punktschweißtnaht *f* mit
    vollständigem Einbrand
Spoina szczelna, szew szczelny - Dichtnaht *f*
Spoina szczelinowa - Schlitznaht *f*
Spoina sczepna - Heftnaht *f*
Spoina U bez odstępu - U-Naht *f* ohne Luftspalt
Spoina V bez odstępu - V-Naht *f* ohne Luftspalt
Spoina w złączu teowym - Halsnaht *f*
Spoina w złączu zakładkowym - Überlapptnaht *f*
Spoina wadliwa - Fehlerhafte (schadhafte) Schweißnaht *f*
Spoina wklęsła - Hohlnaht *f*, konkave (leichte) Schweißnaht *f*
Spoina wykonana automatycznie - Automatisch geschweißte Naht *f*
Spoina wykonana automatycznie [metodą] TIG - Automatisch
    geschweißte WIG-Naht *f*
Spoina wykonana gazowo (palnikiem acetylenowo-tlenowym) -
    Autogen[schweiß]naht *f*
Spoina wykonana metodą automatycznego spawania łukowo-
    wodorowego - Automatisch geschweißte Arcatom-Naht *f*
Spoina wykonana metodą MIG - MIG-Naht *f*, MIG-Schweißnaht *f*
Spoina wykonana metodą spawania łukowo-wodorowego -
    Arcatom-Naht *f*, Arcatom-Schweißnaht *f*

Spoina wykonana metodą spawania w CO_2 - CO_2-Schweißnaht *f*
Spoina wykonana metodą TIG - WIG-Schweißnaht *f*, WIG-Naht *f*
Spoina wykonana na aluminium - Aluminium[schweiß]naht *f*
Spoina wykonana prądem przemiennym - Wechselstromgeschweißte Naht *f*
Spoina wykonana przy pomocy lutowania twardego - Hartlötnaht *f*
Spoina wykonana przy pomocy spawania łukowego - Lichtbogenschweißnaht *f*, lichtbogengeschweißte Naht *f*
Spoina wykonana ściegiem prostym - Strichnaht *f*, Zugnaht *f*
Spoina wykonana ściegiem zakosowym - Pendelnaht *f*
Spoina wykonana w osłonie argonu - Unter Argongasschutz geschweißte Naht *f*
Spoina wykonana w komorze - Kammergeschweißte Naht *f*
Spoina wykonana ze stopu aluminium-cynk-magnez - Aluminium-Zink-Magnesium-Schweißnaht *f*
Spoina wypukła - Wölbnaht *f*
Spoina X bez odstępu - X-Naht *f* ohne Luftspalt
Spoina zamykająca - Schließnaht *f*, Schlußnaht *f*
Spoina z brązu, spoina brązowa - Bronze[schweiß]naht *f*
Spoina z niobu - Niob[schweiß]naht *f*
Spoina z pełnym przetopem - Durchgeschweißte Naht *f*
Spoina z pełnym przetopem - Schweißnaht *f* mit vollständigem Einbrand
Spoina z usuniętym nadlewem - eingeebnete Naht *f*
Spoina żeliwna - Gusseisen[schweiß]naht *f*
Spoina [na] 1/2 V bez odstępu - Halb-V-Naht *f* ohne Luftspalt
Spoina 2 J bez odstępu - Doppel-J-Naht *f* ohne Luftspalt
Spoina 2 U bez odstępu - Doppel-U-Naht *f* ohne Luftspalt
Spoiwo (metal dodatkowy) w postaci stopu aluminium - Zusatzwerkstoff *m* aus Aluminiumlegierung
Spoiwo austenityczne - Austenitischer Zusatzwerkstoff *m*
Spoiwo bezprądowe - Stromloser Zusatzwerkstoff *m*
Spoiwo stopowe do napawania - Auf[trag]schweißlegierung *f*, Auftraglegierung *f*
Sprężone powietrze - Druckluft *f*, Preßluft *f*, komprimierte Luft *f*
Sprężony gaz - Druckgas *n*
Sprężony tlen - Drucksauerstoff *m*, komprimierter Sauerstoff *m*
Sprężyna - Feder *f*
Sprzęt (urządzenie) do lutowania acetylenem - Azetylenlötapparat *m*
Sprzęt do cięcia - Schneideinrichtung *f*

Stabilizacja łuku [elektrycznego] - Lichtbogenstabilisierung *f*
Stabilność łuku - Bogenstabilität *f*, Lichtbogenstabilität *f*
Stal austeniczna - Austenitischer Stahl *m*
Stal chromoniklowa - Chromnickelstahl *m*
Stal ciągliwa - trennfester Stahl *m*
Stal ciągniona - gezogener Stahl *m*
Stal ciągniona na zimno - kaltgezogener Stahl *m*
Stal do głębokiego ciągnienia - Tiefziehstahl *m*
Stal do głębokiego tłoczenia - Tiefziehstahl *m*
Stal do wtopienia - Einschmelzstahl *m*
Stal hartująca się w powietrzu, stal samohartowna - Lufthärter *m*,
　　　　　　　Lufthärtungsstahl *m*, lufthärtender Stahl *m*
Stal kotłowa (do budowy kotłów) - Kesselbaustahl *m*
Stal kwasoodporna - Säurebeständiger Stahl *m*
Stal niehartowana - ungehärteter Stahl *m*
Stal nierdzewna - nichtrostender Stahl, rostbeständiger Stahl, Nirostahl *m*
Stal niestopowa - Kohlenstoffstahl *m*, unlegierter Stahl *m*
Stal nieuspokojona - unberuhigter Stahl *m*
Stal półuspokojona - Halbberuhigter (halbberuhigt vergossener) Stahl *m*
Stal stopowa - Legierter Stahl *m*
Stal uspokojona - beruhigter Stahl *m*
Stal węglowa - C-Stahl *m*, Kohlenstoffstahl *m*
Stal wysokomanganowa - Manganhartstahl *m*
Staliwo - Stahlguß *m*, Gußstahl *m*
Stalowa szczotka druciana - Stahldrahtbürste *f*
Stan dostawy - Anlieferungszustand *m*, Lieferzustand *m*
Stan łuku - Betriebszustand (Zustand) *m* des Lichtbogens
Stan surowy po spawaniu - Schweißzustand *m*
Standardowy podajnik drutu - Standarddrahtvorschubgerät *n*
Stanowisko do spawania na zimno - Kaltschweißstelle *f*
Stanowisko lutowania twardego - Hartlötstelle *f*
Stapiać, topić metal, topić - Abschmelzen
Stapiająca się elektroda, topliwa elektroda - Abschmelzende Elektrode *f*
Stapiająca się prowadnica [elektrody] - Abschmelzende Düse *f*,
　　　　　　　Schmelzdüse *f*
Stapianie - Abschmelzen *n*, Abschmelzung *f*
Stapianie elektrody, topienie się elektrody - Abschmelzen *n* der
　　　　　　　Elektrode, Aufschmelzen *n* der Schweißelektrode
Stapianie w łuku elektrycznym - Lichtbogenschmelzen *n*

Starzenie - Altern *m*, Alterung *f*, Auslagern *n*
Sterowanie łukiem - Bogensteuerung *f*, Lichtbogensteuerung *f*
Sterowanie czasem zgrzewania - Steuerung *f* der Schweißzeit
Sterowanie długością łuku - Regelung (Steuerung) *f* der Bogenlänge
Sterowanie przenoszeniem metalu -Regelung *f* der Werkstoffübertragung
Sterowanie siatki - Fadenkreuzsteuerung *f*
Stop Al-Cu-Mg-Si - Avial (Al-Cu-Mg-Si-Legierung)
Stop dwuskładnikowy - Binäre Legierung *f*
Stop miedzi - Kupferlegierung *f*
Stop odporny na korozję - Korrosionsbeständige Legierung *f*
Stop sztucznie starzony - Künstlich gealterte Legierung *f*
Stop utwardzany dyspersyjnie - Aushärtbare Legierung *f*
Stopa szyny - Schienenfuß *m*
Stopiona ilość topnika - Geschmolzene Schweißpulvermenge *f*
Stopiwo - Schweißgut *n*
Stopiwo aluminiowe - Aluminiumschweißgut *n*
Stopiwo austenityczne - Austenitischweißgut, austenitisches Schweißgut *n*
Stopiwo austenityczno-ferrytyczne-Austenitisch-ferritisches Schweißgut *n*
Stopiwo brązowe (z brązu) - Bronzeschweißgut *n*
Stopiwo otrzymane metodą łukowo-wodorową - Arcatom-Schweißgut *n*
Stopiwo otrzymane metodą TIG - WIG-Schweißgut *n*
Stopiwo przy spawaniu łukowym - Lichtbogenschweißgut *n*,
       Schweißgut *n* der Lichtbogenschweißung
Stopiwo przy spawaniu w [atmosferze] CO_2 - CO_2-Schweißgut *n*
Stopiwo w stanie surowym [nie obrobionym] - Schweißgut *n* im
       [unbehandelten] Schweißzustand
Stopiwo żeliwne - Gußeisenschweißgut *n*
Stopowa elektroda spawalnicza - Legierte Schweißelektrode *f*
Stopowy proszek - Legierungspulver *n*, legiertes Schweißpulver *n*
Stosowanie docisku przy zgrzewaniu - Schweißdruckaufbringung *f*,
       Aufbringen *n* des Schweißdruckes
Stół do cięcia tlenem - Brennschneidtisch *m*, Schneidtisch *m*
Strata (ubytek) przez wypalanie - Abbrandverlust *m*
Strata (ubytek) składników stopowych przez wypalenie - Abbrandverlust
       m an Legierungselementen
Strefa (obszar) spawania - Bereich *m* der Schweißung, Schweißbereich *m*
Strefa [działania łuku] - Bogenzone *f*, Lichtbogen[wirkungs]zone *f*
Strefa chłodzenia - Abkühlzone *f*
Strefa łuku - Bogenbereich *m*, Lichtbogenbereich *m*, Bogengebiet *n*

Strefa nawęglona - Aufgekohlte Zone *f*
Strefa przejściowa zgrzeiny - Bindezone *f*
Strefa sąsiednia spoiny (zgrzeiny) - Nebennahtzone *f*, Nachbarzone *f* der
Naht, schweißnahtnaher Bereich *m*
Strefa spalania - Verbrennungszone *f*
Strefa spoiny - Schweißzone *f*
Strefa stopienia - aufgeschmolzener Grundwerkstoff *m*
Strefa wpływu - Einflußzone *f*, beeinflußte Zone *f*
Strefa wpływu ciepła - Wärmeeinflußzone *f*
Strefa zgrzeiny - Schweißzone *f*
Strona przeciwna - Untere Werkstückfläche *f*
Strumień argonu - Argonstrom *m*, Argondurchsatz *m*
Strumień gazu transportującego (przenoszącego) - Trägergasstrom *m*
Strumień tlenu tnącego- Schneidsauerstoffstrahl,Schneidsauerstoffstrom *m*
Strumień tnący [przy cięciu tlenem]- Brennschneidstrahl, Schneidstrahl *m*
Strzelanie palnika - Abknallen *n*, Flammenrückschlag *m*
Styk pomiędzy elektrodą i blachą - Kontakt *m* Elektrode-Blech
Suszarka - Trockenofen *m*, Trocknungsofen *m*
Suszenie elektrod - Elaktrodentrocknung *f*, Trocknen *n* von Elektroden
Suwmiarka - Schieblehre *f*
Suwnica - Kran *m*, Portalkran *m*, Blockkran *m*
Symetrycznie przesunięta spoina - Symmetrisch versetzte Naht *f*
Szafka sterownicza - Steuerkasten *m*, Steuerschrank *m*
Szablon do cięcia - Schneidschablone *f*
Szczelina - Spalt *m*, Schlitz *m*, Fuge *f*
Szczelina pierścieniowa - Ringspalt *m*
Szczelina powietrzna - Luftspalt *m*
Szczelinomierz - Fühlerlehre *f*
Sczepianie - Heften *n*
Szczęka przewodząca prąd - Stromführende Backe *f*
Szczęka stykowa - Kontaktbacke *f*
Szczęka zaciskająca - Einspannbacke *f*, Spannbacke *f*
Szczyt napięcia łuku [ostry] - Lichtbogenspannungsspitze *f*
Szczyt prądu - Stromspitze *f*
Szerokość folii - Folienbreite *f*
Szerokość garbu - Buckelbreite *f*
Szerokość grani - Wurzelbreite *f*
Szerokość przedmiotu obrabianego - Werkstuckbreite *f*
Szerokość przygotowanej powierzchni czołowej - Flankenbreite *f*

Szerokość przygotowania - Flankenweite *f*
Szerokość spoiny - Nahtbreite *f*
Szerokość ściegu - Breite *f* der Raupe, Raupenbreite *f*
Szerokość zakładki - Überlappbreite *f*
Szerokość złącza - Öffnungsweite *f*
Szew grzbietowy - Ecknaht *f*, äußere Kehlnaht *f*
Szew lutowniczy - Lötstelle *f*
Szew na podwójną zakładkę - Doppelfalz *m*
Szew nitowy - Nietnaht *f*
Szew obwodowy zbiornika, spoina obwodowa zbiornika - Behälterrundnaht *f*
Szew wykonany zgrzewaniem punktowym na aluminium - Aluminiumpunktschweißnaht *f*
Szew, spoina zbiornika - Behälter[schweiß]naht *f*
Szkło ochronne - Deckglas *n*
Szlifierka - Schleifmaschine *f*
Szlifować - schleifen
Szlifowanie na mokro - Naßschleifen *n*
Szlifowanie na najwyższą gładkość - Läppschleifen *n*, Polierschleifen *n*
Szlifowanie na sucho - Trockenschleifen *n*
Szlifowanie poprzeczne - Querschliff *m*
Szlifowanie wgłębne - Einstechschleifen *n*, Tauchschleifen *n*
Szlifowanie wykończające - Fertigschleifen *n*, Schlichtschleifen *n*
Szlifowanie wzdłużne - Längsschliff *m*
Szybkość narastania prądu - Stromanstiegsgeschwindigkeit *f*
Szybkość posuwu łuku - Bewegungsgeschwindigkeit *f* des Lichtbogens
Szybkość (prędkość) spalania - Verbrennungsgeschwindigkeit *f*
Szybkość spawania automatycznego-Automatenschweißgeschwindigkeit *f*
Szybkość cięcia - Schneidgeschwindigkeit *f*, Schnittgeschwindigkeit *f*
Szybkość chłodzenia - Abkühlungsgeschwindigkeit *f*
Szybkość ochłodzenia stopiwa - Abkühlungsgeschwindigkeit *f* des Schweißgutes
Szybkość stapiania - Abschmelzgeschwindigkeit *f*
Szybkość stapiania drutu - Abschmelzgeschwindigkeit *f* des Drahtes
Szyna chłodząca - Kühlschiene *f*
Szyna miedziana - Abdeck[kupfer]schiene *f*, Kupferschiene *f*
Ścianka rowka (nieprzygotowana) - Stirnfläche *f*
Ścianka rowka (przygotowana) - Fugenflanke *f*
Ścianka rowka (spoina pachwinowa) - Kehlflanke *f*

Ścieg, warstwa - Raupe f, Lage f
Ścieg graniowy - Wurzellage f
Ścieg graniowy spoiny podpawanej - Wurzelseitige Stützraupe f,
 Gegennaht f, Wurzelgegennaht f, Kappnaht f
Ścieg krokowy - Pilgerschrittnaht f
Ścieg napawany [na blasze] - Aufgeschweißte Raupe f
Ścieg napoiny - Auftragschweißraupe f, Aufschweißraupe f, Auftragraupe f
Ścieg spawalniczy - Schweißraupe f
Ścieg wykonany przy pomocy spawania łukowego -
 Lichtbogenschweißraupe f
Średnia szybkość spawania - Mittlere Schweißgeschwindigkeit f
Średnica drutu rdzeniowego [elektrody] - Durchmesser m des
 Kerndrahtes, Kerndrahtdurchmesser m
Średnica dyszy miedzianej - Kupferdüsendurchmesser m
Średnica garbu - Buckeldurchmesser m
Średnica garbu pierścieniowego - Ringbuckeldurchmesser m
Średnica jądra zgrzeiny - Lisendurchmesser m
Średnica łuku - Durchmesser m des Lichtbogens
Średnica otuliny - Durchmesser m der Umhüllung,
 Umhüllungsdurchmesser m
Średnica plamki anodowej - Anoden[brenn]fleckdurchmesser m,
 Durchmesser m des Anodeflecks
Średnica wiązki - Strahldurchmesser m
Środek przeciwko przyklejaniu się odprysków - Schutzemulsion f,
 Spritzerschutzemulsion f, spritzerabweisendes Mittel n
Środek (środkowa linia) elektrody - Elektrodemitte f
Środek jeziorka spawalniczego - Mitte f des Schmelzbades,
 Schweißbadmitte f
Środek łuku [elektrycznego] - Lichtbogenmitte f, Lichtbogenzentrum n
Środek rowka - Fugenmitte f
Środek spoiny - Schweißnahtmitte f, Mitte f der Schweißnaht
Środek stopiwa - Zentrum n des schweißgutes, Schweißgutmitte f
Środek szwu - Nahtmitte f
Środek warstwy - Lagenmitte f
Śruba - Schraube f
Śruba bez łba - kopflose Schraube, Schaftschraube f
Śruba dławiąca - Drosselschraube f
Śruba do drewna - Holzschraube f
Śruba do rowków - Nutenschraube f

Śruba dociskowa - Druckschraube *f*
Śruba dwustronna - Doppelmutterschraube *f*, Schraubenbolzen *m*
Śruba dystansowa - Distanzschraube *f*
Śruba klamrowa - Klammerschraube *f*
Śruba korekcyjna - Richtschraube *f*
Śruba łącząca - Befestigungsschraube *f*, Verbindungsschraube *f*
Śruba mocująca - Befestigungsschraube *f*, Spannschraube *f*
Śruba montażowa - Heftschraube *f*
Śruba naprężająca - Spannschraube *f*
Śruba nastawcza - Stellschraube *f*, Regulierschraube *f*
Śruba oczkowa - Augenschraube *f*, Ösenschraube *f*
Śruba odległościowa - Distanzschraube *f*
Śruba pasowana - Paßschraube *f*
Śruba pierścieniowa - Ringschraube *f*
Śruba regulacyjna - Regulierschraube *f*, Stellschraube *f*
Śruba rozciągana - Zugschraube *f*
Śruba samogwintująca - selbstschneidende Schraube
Śruba samohamowna - selbsthemmende Schraube
Śruba sczepna - Heftschraube *f*
Śruba skrzydełkowa - Flügelschraube *f*, Lappenschraube *f*
Śruba sprężynująca - Dehnschraube *f*, Taillenschraube *f*
Śruba sprężysta - Federschraube *f*
Śruba unieruchamiająca - Halteschraube *f*
Śruba ustalająca - Feststellschraube *f*, Stellschraube *f*, Halteschraube *f*
Śruba ustawcza - Einstellschraube *f*
Śruba uszkowa - Ohrenschraube *f*
Śruba z dwustronnym gwintem - Doppelmutterschraube *f*
Śruba z łbem - Kopfschraube *f*
Śruba z łbem i nakrętką - Durchsteckschraube *f*
Śruba z nakrętką - Steckschraube *f*, Mutterschraube *f*
Śruba z uchem - Ringschraube *f*
Śruba zabezpieczająca - Feststellschraube *f*, Arretierschraube *f*
Śruba samohamowna zaciskowa - Klemmschraube *f*, Spannschraube *f*
Śruba samohamowna zamykająca - Verschlußschraube *f*
Tarcza ochronna dla spawacza łukowego - Schutzschild *m* für
                Lichtbogenschweißer
Taśma - Band *n*, Streifen *m*
Taśma miernicza - Meßband *n*, Bandmaß *n*
Taśma montażowa - Montageband *n*

Taśma nośna - Tragband *n*
Taśma polerska - Polierband *n*
Taśma ścierna - Schleifband *n*
Technika cięcia - Schneidtechnik *f*
Technika klejenia - Klebtechnik *f*
Technika laserowa, technologia przy zastosowaniu lasera -
    Laser-Technik *f*, Laser-Technologie *f*
Technika lutowania twardego - Hartlöttechnik *f*
Technika natryskowego przenoszenia metalu w łuku jarzącym się
    w CO_2 - CO_2-Sprühlichtbogentechnik *f*
Technika spawania acetylenowo-tlenowego - Autogenschweißtechnik *f*,
    Gasschweißtechnik *f*
Technika spawania automatycznego - Automatenschweißtechnik *f*
Technika spawania łukiem krótkim - CO_2-Kurzlichtbogentechnik *f*
Technika spawania łukowego - Lichtbogenschweißtechnik *f*
Technika spawania w dwutlenku węgla - CO_2-Schweißtechnik *f*
Technika spawania w prawo - Nahrechtsschweißtechnik *f*
Temperatura katody - Katodentemperatur *f*
Temperatura łuku [elektrycznego] - Lichtbogentemperatur *f*,
    Bogentemperatur *f*, Temperatur *f* des Lichtbogens
Temperatura materiału rodzimego - Grundwerkstofftemperatur *f*
Temperatura przejściowa przy próbie Charpy -
    Charpy-Übergangstemperatur *f*
Temperatura przy kruchym pękaniu - Sprödbruchtemperatur *f*
Temperatura słupa łuku - Säulntemperatur *f*, Temperatur *f* der
    Lichtbogensäule
Temperatura wyżarzania - Aushärtetemperatur *f*
Teownik - T-Profil *n*
Tlen - Sauerstoff *m*
Tlen tnący (do cięcia) - Schneidsauerstoff *m*
Tolerancja cięcia - Schneidtoleranz *f*, Schnittoleranz *f*
Topliwa elektroda metalowa - Abschmelzende Metallekektrode *f*
Topnik - Flußmittel *n*, Schlackenbildner *m*
Topnik (proszek) spiekany do spawania elektrożużlowego -
    Elektro-Schlacke-Sinterpulver *n*
Topnik ceramiczny, topnik spiekany - Keramisches (agglomerietes)
    Pulver *n*, gesintertes Schweißpulver *n*
Topnik dlo spawania żeliwa - Gußeisenschweißpulver *n*
Topnik do lutowania twardego - Hartlötflußmittel *n*

Topnik do lutowania twardego miedzi - Kupferhartlötfluβmittel *n*
Topnik do spawania łukowego - Fluβmittel *n* für das Lichtbogenschweiβen
Topnik kwaśny - sauers Schweiβpulver *n*
Topnik redukujący - reduzierendes Fluβmittel *n*
Topnik spawalniczy zasadowy - Basisches Schweiβpulver (Pulver) *n*
Topnik utleniający - oxidierendes Fluβmittel *n*
Topnik w proszku - Schweiβpulver *n*
Topnik wprowadzający składniki stopowe - Auflegierendes Pulver *n*, Schweiβpulver *n* mit aulegierender Wirkung
Tor (droga) łuku [elektrycznego] - Lichtbogenstrecke *f*
Transformator do spawania łukiem - Lichtbogenschweiβtransformator *m*
Trójnik (rurowy) - T-Stück *n*
Twarde lutowanie miedzi - Kupferhartlöten *n*
Twardość [według] Rockwella - Rockwell-Härte *f*
Twardość Brinella - Brinellhärte *f*
Twardość stopiwa po spawaniu [w stanie surowym] - Härte *f* des Schweiβgutes im Schweiβzustand
Twardość w stopniach Brinella - Brinell[härte]zahl *f*
Tworzenie się krateru na końcu spoiny - Endkraterbildung *f*
Tworzenie się rys w kraterze spoiny - Bildung *f* von Kraterrissen
Tygiel do spawania (zgrzewania) termitowego - Reaktionstiegel *m*, Schmelztiegel *m*, Schweiβtiegel, Thermittiegel *m*
Ubranie azbestowe - Asbestanzug *m*, Schutzanzug *m* aus Asbestgewebe
Uchwyt (palnik) do spawania [metodą] TIG - WIG-Schweiβbrenner *m*
Uchwyt (palnik) łukowo-tlenowy - Oxyarc-Brenner *m*
Uchwyt (zacisk) montażowy - Montagebügel *m*
Uchwyt [elektrody] do spawania łukowego -Lichtbogenschweiβbrenner *m*
Uchwyt chłodzony powietrzem - Luftgekühlter Brenner *m*
Uchwyt do automatycznego spawania [metodą] TIG - WIG-Automatenbrenner *m*, automatischer WIG-Schweiβbrenner *m*
Uchwyt do maszynowego spawania [metodą] TIG - WIG-Maschinenschweiβbrenner *m*, Argonarc-Maschineschweiβbrenner *m*
Uchwyt do spawania automatycznego - Automatenschweiβbrenner *m*, automatischer Schweiβbrenner *m*
Uchwyt do spawania łukowo-wodorowego - Arcatom-Brenner *m*, Arcatom-Schweiβbrenner *m*

Uchwyt do spawania w CO_2 - CO_2-Schweißbrenner *m*, CO_2-Brenner *m*
Uchwyt do żłobienia elektropowietrznego - Arcair-Fugenhobler *m*,
    Kohlelichtbogen-Preßlufthobler *m*
Uchwyt elektrody - Elektrodenhalter *m*
Uchwyt pistoletowy do spawania punktowego w CO_2 -
    CO_2-Punktschweißpistole *f*
Uchwyt pistoletowy do spawanie w CO_2 - CO_2-Pistole *f*
Udarność po spawaniu, udarność w stanie surowym -
    Kerb[schlag]zähigkeit *f* im Schweißzustand
Uginanie łuku spawalniczego - Ablenkung *f* des Lichtbogens
Uginanie się (wydmuchiwanie) łuku - Blasen *n* des Lichtbogens
Układanie spoin austenitycznych - Austenitisches Schweißen *n*
Układanie zewnętrznej, ostatniej warstwy, układanie
    warstwy lica spoiny - Decklagenschweißen *n*,
    Schweißen *n* der Decklage
Ukosować - Abschrägen
Ukosowanie - Abschrägenn, Abschrägung *f*
Ukosowanie krawędzi - Abschrägen *n* der Kanten, Kantenbschrägung *f*
Ukosowanie palnikiem do cięcia, ukosowanie płomieniowe - Abschrägen
    n der Schweißkanten mit dem Schneidbrenner,
    Schrägschneiden *n*
Uniwersalna spawarka (zgrzewarka) - Universalschweißmaschine *f*
Upalanie na zimno (bez podgrzewania) - Kaltabbrennen *n*
Urządzenie (aparat) do cięcia - Schneidgerät *n*
Urządzenie (sprzęt) do CO_2 - CO_2-Anlage *f*, CO_2-Gerät *n*
Urządzenie do cięcia - Schneidanlage *f*
Urządzenie do elektronitowania (łukowego spawania punktowego) -
    Lichtbogenpunktschweißgerät *n*
Urządzenie do łukowego przypawania sworzni -
    Lichtbogenbolzenschweißgerät *n*
Urządzenie do przypawania stworzni - Bolzen[an]schweißgerät *n*,
    Bolzenschweißanlage *f*
Urządzenie do spawania punktowego prądem przemiennym -
    Wechselstrompunktschweißeinrichtung *f*
Urządzenie do spawania czołowego - Stumpfschweßeinrichtung *f*
Urządzenie do spawania kształtowego (krzywoliniowego) -
    Konturenschweißanlage *f*
Urządzenie do spawania łukiem krótkim w atmosferze CO_2 -
    CO_2-Kurzlichtbogengerät *n*

Urządzenie do spawania łukowego - Lichtbogenschweißanlage *f*,
Lichtbogenschweißgerät *n*, Lichtbogenschweißapparat *m*
Urządzenie do spawania łukowo-wodorowego - Arcatom-Gerät *n*,
Arcatom-Schweißanlage *f*
Urządzenie do spawania metodą MIG i w osłonie CO₂ -
MIG-CO₂-Schutzgasschweißanlage *f*,
MIG-CO₂-Schweißgerät *n*
Urządzenie do spawania prądem przemiennym -
Wechselstromlichtbogenschweißgerät *n*,
Wechselstromlichtbogenschweißanlage *f*
Urządzenie do spawania topiącą się elektrodą [w osłonie gazowej] -
Gerät *n* für das Schutzgasschweißen mit abschmelzender
Elektrode, Schweißanlage *f* mit abschmelzender Elektrode
Urządzenie do spawania w CO₂ - CO₂-[Schutzgas]schweißgerät *n*
Urządzenie do sterowania napięciem łuku -Lichtbogenspannungsregler *m*
Urządzenie do wypełniania krateru - Kraterfüller *m*
Urządzenie do wytwarzania acetylenu - Azetylen[erzeugungs]anlage *f*
Urządzenie do zajarzania łuku - Lichtbogenzündeinrichtung *f*
Urządzenie do zgrzewania zgniotowego na zimno -
Kaltpreßschweißanlage *f*, Kaltpreßschweißgerät *n*
Urządzenie kondensatorowe do przypawania sworzni -
Kondensatorbolzenschweißgarät *n*
Urządzenie mocujące do składania - Zusammenbauvorrichtung *f*
Urządzenie mocujące, przyrząd mocujący - Spannvorrichtung *f*,
Einspannvorrichtung *f*, Festspannvorrichtung *f*
Urządzenie pomocnicze do spawania metodą TIG -
WIG-Schweißvorrichtung *f*,
Argonarc-Schweißvorrichtung *f*
Urządzenie półautomatyczne do spawania w CO₂ - CO₂-Halbautomat *m*,
halbautomatisches CO₂-Schweißgerät *n*
Urządzenie rozpylające (pulweryzacyjne) - Verdüsungsanlage *f*
**Urządzenie spawalnicze prowadnicowe (ze stapiającą się prowadnicą
elektrody)** - Schweißgerät *n* mit Schmelzdüse
Usuwanie żużla ze spoiny - Abschlacken *n* der Schweißnähte
Ustawienie napięcia - Spannungseinstellung *f*
Ustawienie prądu - Stromeinstellung *f*
Usuwać - beseitigen, entfernen
Usuwanie - Entfernung *f*, Beseitigung *f*, Räumung *f*
Usuwanie odpadów - Abfallbeseitigung *f*

Usuwanie rdzy - Entrostung *f*
Usuwanie żużla - Entschlackung *f*, Schlackenziehen *n*
Uszczelnianie - Dichtung *f*, Abdichtung *f*
Utlenianie - Oxidation *f*
Warstwa - Schicht *f*, Lage *f*
Warstwa graniowa - rückseitige Wurzellage *f*, Kapplage *f*, Gegenlage *f*
Warstwa kleju - Klebfilm *m*
Warstwa napawana (napoiny) - Auftragschicht *f*
Warstwa ściegów kryjących - Decklage aus mehrenern Raupen
Warstwa twardej lutowiny - Hartlötschicht *f*
Warunki chłodzenia - Abkühlungsbedingungen *fpl*
Warunki jarzenia się łuku, parametry łuku - Lichtbogenverhältnisse *npl*
Warunki technologiczne spawania w CO_2- CO_2-Schweißbedingungen *fpl*
Warunki wyżarzania - Aushärtungsbedingungen *fpl*
Wąż acetylenowy - Azetylenenschauch *m*
Wąż powietrzny (do powietrza) - Luftschlauch *m*
Wentylacja - Lüftung *f*, Belüftung *f*, Ventilation *f*
Wewnętrzna spoina obwodowa - Innenrundnaht *f*
Węgiel [elektrodowy] z rdzeniem w postaci knota - Dochtkohle *f*
Węgiel bezpostaciowy - Amorphkohle *f*, Homogenkohle *f*
Węglik - Carbid/Karbid *n*
Węglik tytanu - Titaniumcarbid *n*
Węglik wapnia - Kalziumkarbid *n*
Wężownica - Schlange *f*, Schlangenrohr *n*
Wgniecenie - Eindruck *m*
Wiązka elektrod - Elektrodenbündel *n*
Wiązka prętów - Stabbündel *n*
Wiązka świetlna lasera - Laser-Lichtbündel *n*, Laser-Lichtstrahl *m*
Wielowarstwowa spoina pachwinowa - Mehrlagen-Kehlnaht *f*
Wiór, zwitek wełny [stalowy] do zajarzania - Zündiple *f* [aus Stahlwolle]
Wklęsła spoina pachwinowa - Hohlkehlnaht *f*
Wklęsłość, pusta przestrzeń - Hohlraum *m*, Kaverne *f*
Wkładka stykowa - Aufsatzspitze *f*
Własności łuku spawalniczego - Eigenschaften *fpl* des Lichtbogens
        (Bogens), Lichtbogeneigenschaften *fpl*
Własności połączenia twardo lutowanego - Hartlöteigenschaften *fpl*
Własności wytrzymałościowe stopiwa po spajaniu [w stanie nie
        obrobionym] - Festigkeitseigenschaften *fpl* des
        Schweißgutes im Schweißzustand

Własności zajarzania łuku - Lichtbogenzündeigenschaften *fpl*
Woda chłodząca - Kühlwasser *n*
Wodorotlenek wapnia, wapno gaszone - Gelöschter Kalk *m*,
Kalkhydrat *n*, Kalziumhydroxid *n*, Löschkalk *m*
Wpływ atmosfery (powietrza) - Lufteinfluß *m*
Wprowadzenie do stopiwa składników stopowych - Auflegieren *n*
(Auflegierung *f*, Legierung *f*) des Schweißgutes
Wrażliwy na korozję - korrosionsempfindlich
Wrażliwy na pękanie - rißempfindlich
Wrzucanie (wsypywanie) karbidu - Karbideinfall *m*
Wrzutnik karbidu - Karbideinfalltrichter *m*, Karbideinwurftrichter *m*
Współczynnik rozszerzalności cieplnej -Wärmeausdehnungskoeffizient *m*
Wtopienie, wtop - Einbrand *m*
Wtopienie w materiał rodzimy - Einbrand *m* in den Grundwerkstoff
Wtopienie, nadtopienie materiału rodzimego - Aufschmelzung *f* des
Grundwerkstoffes, Primäreinbrand *m*
Wtrącenie - Einschluss *m*
Wtrącenia miedzi - Kupferreinschlüsse *mpl*
Wtrącenia siarczków - Sulphideinschlüsse *mpl*
Wtrącenia tlenków - Oxideinschlüsse *mpl*
Wtrącenia żużlowe - Schlackeneinschlüsse *mpl*
Wybór procesu spawalniczego - Auswahl *f* des Schweißverfahrens
Wybór topnika - Pulverauswahl *f*
Wybuch świetlny (światła) - Lichtausbruch *m*
Wyciek - Ausfluß *m*
Wyciek gazu - Gasausfluß *m*
Wycinać - Auskreuzen
Wycinanie - Aushauen *n*
Wycinanie kół - Schneiden *n* von Kreisen
Wycinanie warstwy graniowej - Wurzelauskreuzen *n*
Wydajność cięcia- Schneidleistung *f*, Schnittleistung *f*
Wydajność stapiania łuku - Schmelzleistung *f* des Lichtbogens
Wygląd ściegu [spoiny] - Aussehen *n* der Raupe, Raupenaussehen *n*
Wykonywanie (układanie) ściegu - Raupenbildung *f*
Wykorzystanie energii łuku - Ausnutzung *f* der Lichtbogenenergie
Wykrywanie pęknięć, próba na pęknięcia - Untersuchung *f* auf Risse
Wyładowanie łukowe - Bogenentladung *f*, Lichtbogenentladung *f*
Wyłączenie prądu spawania - Abschalten *n* des Schweißstromes
Wymiana elektrody - Auswechseln *n* der Elektrode, Elektrodenwechsel *m*

Wymiar - Maß *n*, Dimension *f*, Abmaß *n*, Abmessung *f*
Wymiary ściegu - Raupenabmessungen *fpl*
Wypalanie - Abbrand *m*
Wypalanie składników stopowych - Abbrand *m* der Legierungselemente
Wypalenie cynku - Zinkabbrand *m*, Zinkausbrand *m*
Wypalenie krzemu - Abbrand *m* von Silizium, Siliziumabbrand *m*
Wypalenie manganu - Abbrand *m* von Mangan, Manganabbrand *m*
Wypalenie węgla - Abbrand *m* von Kohlenstoff, Kohlenstoffabbrand *m*
Wypełnianie krateru [spoiny] - Aufüllen (Füllen) *n* des Kraters
Wypełnianie szczeliny - Luftspaltüberbrückung *f*, Spaltüberbrückung *f*
Wypływka - Stauchwulst *m*
Wyposażenie do cięcia - Schneidausrüstung *f*, Schneidgarnitur *f*
Wyposażenie do lutowania twardego - Hartlötausrüstung *f*
Wysięgnik - Ausleger[arm] *m*
Wysoko wydajne napawanie łukiem krytym - Hochleistungs-UP-
        Auftragschweißen *n*
Wysokość garbu - Buckelhöhe *f*
Wysokość progu - Steghöhe *f*
Wysokość przygotowania - Flankenhöhe *f*
Wysokość ściegu - Raupenhöhe *f*
Wystarczające wtopienie - Genügender Einbrand *m*
Wystąpienie rys, pęknięć w połączeniu spawanym - Auftreten *n* von
        Rissen in geschweißten Verbindungen, Schweißrissigkeit
Wytrzymałość czystego stopiwa - Festigkeit *f* des reinen Schweißgutes
Wytrzymałość materiału rodzimego (podstawowego) - Festigkeit *f* des
        Grundwerkstoffes, Grundwerkstoffestigkeit *f*
Wytrzymałość na kruche pękanie - Sprödbruchfestigkeit *f*
Wytrzymałość po spawaniu w stanie nie obrobionym - Festigkeit *f* im
        Schweißzustand
Wytrzymałość sklejenia - Klebfestigkeit *f*
Wytwornica acetylenu - Azetylenentwickler *m*, Azetylenerzeuger
Wytwornica stykowa - Kontaktenwickler *m*, Berührungsentwickler *m*
Wytwornica stykowa z ruchomym kloszem - Berührungsentwickler
        (Kontaktentwickler) *m* mit beweglicher Glocke
Wytwornica wsypowa, wrzutowa- Einfallentwickler, Einwurfentwickler *m*
Wyżarzanie - Glühen *n*, Ausglühen *n*
Wyżarzanie normalizujące - Normalglühen *n*, Feinglühen *n*
Wyżarzanie odprężające - Spannungsfreiglühen *n*, Entspannungsglühen *n*
Wyżarzanie rekrystalizujące - Rekristallisationsglühen *n*

Wyżarzanie zmiękczające - Weichglühen *n*
Wzdłużna krawędź progu - Steglängskante *f*
Wzdłużna krawędź przygotowania - Fugenlängskante *f*
Wzmacniacz napięcia łuku - Lichtbogenspannungsverstärker *m*
Wzrost prądu łuku elektrycznego - Lichtbogenstromzunahme *f*,
Lichtbogenstromanstieg *m*
Zabezpieczać - (ab)sichern, schützen
Zabezpieczać przed korozją - gegen Korrosion schützen
Zabrudzenie (zanieczyszczenie) elektrody wolframowej -
Verschmutzung *f* der Wolframelektrode
Zabrudzenie (zanieczyszczenie) katody - Katodenzerstäubung *f*
Zabudowana wkładka - Angearbeiteter Einsatz *m*
Zachowanie się łuku - Lichtbogenverhalten *n*
Zachowanie się żużla - Schlackenverhalten *n*
Zacisk śrubowy - Schraubzwinge *f*
Zagaszenie, przerwanie łuku elektrycznego -
Lichtbogenlöschung *f*, Löschen *n* des Lichtbogens
Zajarzanie łukiem pomocniczym - Zündung *f* mit Hilfslichtbogen
Zajarzanie łuku - Bogenzündung *f*, Auftreffen *n* des Lichtbogens
Zakładkowe złącze (połączenie) klejone - Überlappte Klebverbindung *f*
Zakłócenie łuku elektrycznego - Lichtbogenstörung *f*
Zakończenie (końcówka) z miedzi - Kupferspitze *f*
Zakończenie spoiny (zgrzeiny) - Schließen *n* der Naht
Zakres (zasięg, obszar) cięcia - Schneidbereich *m*, Schnittbereich *m*
Zakres regulacji prądu - Stromregelbereich *m*
Zakres temperatury lutowania twardego - Hartlöttemperaturbereich *m*
Zależny od łuku [elektrycznego] - Lichtbogenabhängig
Zasilanie acetylenem - Azetylenversorgung *f*
Zanieczyszczenie argonu - Argonverunreinigung *f*
Zanieczyszczenie stopiwa - Verunreinigung *f* des Schweißgutes
Zapotrzebowanie prądu - Strombedarf *m*
Zarys, kształt spoiny - Kontur *f* der Schweißnaht, Schweißnahtumriß *m*
Zarys, kształt ściegu-Kontur *f* der Raupe, Raupenkontur *f*, Raupenumriß *m*
Zasadowość żużla - Basizität *f* der Schlacke, Schlackenbasizität *f*
Zasilanie argonem - Argonversorgung *f*
Zasilanie gazem palnym - Brenngasversorgung *f*
Zastosowanie nacisku - Anwendung *f* von Druck, Druckanwendung *f*
Zasypywanie topnika - Pulverschüttung *f*
Zatrzymanie pękania - Rißverhalten *n*

Zautomatyzowany proces spawania -Automatisiertes Schweißverfahren *n*
Zawartość acetylenu - Azetylengehalt *m*
Zawartość składników stopowych - Legierungsgehalt *m*
Zawartość węgla w spoinie - Schweißnahtkohlenstoffgehalt *m*
Zawór [do] tlenu tnącego - Ventil *n* für Schneidsauerstoff
Zawór butlowy do acetylenu - Azetylengasflaschenventil *n*
Zawór palnika acetylenowego - Azetylenbrennerventil *n*
Zawór redukcyjny do acetylenu - Azetylen[gas]druckminderventil *n*,
    Reduzierventil *n* für Dessous
Zbiornik argonu, pojemnik na argon - Argonkammer *f*
Zdolność do mostkowania (wypełniania) szczeliny -
    Spaltüberbrückungsfähigkeit *f*, Spaltüberbrückbarkeit *f*
Zdolność do przyklejania - Haftvermögen *n*
Zdolność do tworzenia się połączenia metodą spawania łukowego -
    Eignung *f* zum Lichtbogenschweißen,
    Lichtbogenschweißbarkeit *f*
Zdolność do zajarzania łuku - Lichtbogenzündfähigkeit *f*, Zündfähigkeit *f*
Zdolność materiału do odkształceń - Verformbarkeit *f*
Zewnętrzna, ostatnia warstwa stopiwa, warstwa lica spoiny -
    Decklage *f*, Endlage *f*, letzte (Schweiß)lage *f*
Zgrzeina doczołowa wykonana przy pomocy zgrzewania oporowego -
    widerstandsgeschweißte Stumpfnaht *f*
Zgrzeina doczołowo-liniowa, spoina czołowa obwodowa -
    Rundstumpfnaht *f*
Zgrzeina zgniotowa - Kaltpreßschweißnaht *f*, kaltpreßgeschweißte Naht *f*
Zgrzewać doczołowo - Stumpfschweißen
Zgrzewać zgniotowo [na zimno] - Kaltpreßschweißen
Zgrzewanie cierne - Reib(ungs)schweißen *n*
Zgrzewanie dociskowe - Druckschweißen *n*
Zgrzewanie doczołowe - Stumpfschweißen *n*
Zgrzewanie doczołowo-iskrowe bez podgrzewania wstępnego -
    Abbrennstumpfschweißen *n* aus dem Kalten,
    Kaltabrennschweißen *n*, Direktabbrennschweißen *n*
Zgrzewanie dyfuzyjne - Diffusionsschweißen *n*
Zgrzewanie elektryczne - Widerstandspreßschweißen *n*
Zgrzewanie garbowe - Buckelschweißen *n*, Warzen-Schweißen *n*,
    Sickenschweißen *n*
Zgrzewanie gazowe (acetylenowo-tlenowe) - Autogenpreßschweißen *n*,
    Gaspreßschweißen *n*, Gaswulstschweißen *n*,

Azetylen-Sauerstoff-Preßschweißen *n*
Zgrzewanie iskrowe - Abbrennstumpfschweißen *n*
Zgrzewanie kondensatorowe - Kondensatorschweißen *n*
Zgrzewanie kuzienne, kowalskie-Hammerschweißen, Schmiedeschweißen
Zgrzewanie liniowe - Rollennahtschweißen *n*, Nahtschweißen *n*
Zgrzewanie liniowe doczołowe - Rollennahtschweißen *n* von
          Stumpfstößen
Zgrzewanie metodą kontaktową - Kontaktschweißen *n*
Zgrzewanie na zimno - Kaltpreßschweißen *n*
Zgrzewanie ogniskowe - Feuerschweißen *n*, Hammerschweißen *n*
Zgrzewanie oporowe - Widerstands(preß)schweißen *n*
Zgrzewanie oporowe doczołowe - Widerstandsstumpfschweißen *n*
Zgrzewanie perkusyjne kondensatorowe -
          Kondensator-Stoßentladungsschweißen *n*
Zgrzewanie punktowe aluminium - Aluminiumpunktschweißen *n*,
          Punktschweißen *n* von Aluminium
Zgrzewanie udarowe - Perkussionsschweißen *n*, Schlagschweißen *n*
Zgrzewanie wiązką lasera - Laserstrahlschweißen *n*
Zgrzewanie zgniotowe [na zimno] - Kaltpreßschweißen *n*, Kaltschweißen
          n druch Druck (Preßdruck)
Zgrzewanie zgniotowe metali [na zimno] - Kaltpreßschweißen *n* von
          Metallen
Zgrzewanie zwarciowe - Preßstumpfschweißen *n*
Zgrzewarka doczołowa - Stumpfschweißmaschine *f*
Zgrzewarka doczołowo-liniowa - Stumpfnahtschweißmaschine *f*
Zgrzewarka kondensatorowa - Kondensatorschweißmaschine *f*
Zgrzewarka liniowa do zgrzewania obwodowego -
          Rundnahtschweißmaschine *f*
Zgrzewarka punktowa bateryjna [zasilana energią elektrochemiczną] -
          Punktschweißeinrichtung *f* mit Batteriespeicherung
Zgrzewarka punktowa stołowa - Tischpunktschweißmaschine *f*
Zgrzewarka punktowa z dociskiem pneumatycznym - Druckluftbetätigte
          (pneumatisch betätigte) Punktschweißmaschine *f*
Zgrzewarka stołowa - Tischschweißmaschine *f*
Zjawisko uginania się łuku - Blaswirkung *f* des Lichtbogens
Zlutowane na twardo - Hartgelötet
Zła spawalność (zgrzewalność) - Schlechte Schweißbarkeit *f*
Złącze czołowe 1/2 V bez odstępu - Halb-V-Nahtverbindung *f* ohne
          Luftspalt

Złącze czołowe 1/2 Y bez odstępu - Halb-Y-Nahtverbindung f ohne Luftspalt
Złącze 2 U bez odstępu - Doppel-U-Nahtverbindung f ohne Luftspalt
Złącze czołowe - Stumpfstoß m, Stumpfverbindung f
Złącze czołowo-pachwinowe, złącze teowe - Stumpf-Kehlnaht-Verbindung f
Złącze doczołowe - Stumpfstoß m
Złącze grzbietowe - Stirnstoß m
Złącze I bez odstępu (szczeliny) - I-Nahtverbindung f (I-Stoß m) ohne Luftspalt
Złącze kątowe - Eckstoß m, Winkelstoß m
Złącze kątowe bez odstępu - Eckverbindung f ohne Luftspalt
Złącze klejone - Klebfuge f
Złącze krzyżowe - Doppel-T-Stoß m, Kreuzstoß m
Złącze linowe - Seilverbindung f, Seilschloß n
Złącze lutowane - Lötverbindung f, Lötung f
Złącze narożne - Eckstoß m
Złącze poprawnie spawane - Schweißgerechte Verbindung f
Złącze przewodowe, złączka przewodowa - Kabelverbinder m
Złącze równoległe - Parallelstoß m
Złącze skrzyżowane - Kreuzungsstoß m
Złącze teowe - T-Stoß m
Złącze U bez odstępu - U-Nahtverbindung f ohne Luftspalt
Złącze V bez odstępu - V-Nahtverbindung f ohne Luftspalt
Złącze wieloczęściowe - Mehrfachstoß m
Złącze wykonane przy pomocy lutowania twardego -Hartlötverbindung f
Złącze wykonane spawaniem łukowym elektrodą węglową - kohlelichtbogenschweißte Verbindung f
Złącze wykonane spawaniem na zimno - Kaltschweißverbindung f
Złącze wykonane sposobem kuziennym - Hammerschweißverbindung f
Złącze X bez odstępu - X-Nahtverbindung f ohne Luftspalt
Złącze zakładkowe - Überlappstoß m
Złącze zgrzewane zgniotowo [na zimno] - Kaltpreßschweißverbindung f
Złączka przewodu spawalniczego - Schweißkabelverbinder m
Zmiana długości łuku - Änderung (Veränderung) f der Lichtbogenlänge
Zmiana mikrostruktury - Mikrogefüge[ver]änderung f
Zmiana napięcia łuku - Änderung f der Lichtbogenspannungsänderung f
Zmiana napięcia spawania - Änderung f der Schweißspannung
Zmiana prądu łuku - Änderung f des Lichtbogenstromes

Zmiana szybkości (prędkości) jazdy, posuwu - Änderung (Veränderung) f des Schweißstromes, Schweißstrom[ver]änderung f
Zmiana w strukturze - Gefüge[ver]änderung f, Strukturänderung f
Zukosowanie - Anfasung f, Schräger Schnitt m, Schrägschnitt m
Zużycie acetylenu - Azetylenverbrauch m
Zużycie argonu - Argonverbrauch m
Zużycie CO_2 - CO_2-Gasverbrauch m, CO_2-Verbrauch m
Zużycie gazu transportującego (przenoszącego) - Trägergasverbrauch m
Zużycie helu - Heliumverbrauch m
Zużycie tlenu tnącego - Schneidsauerstoffverbrauch m
Zużycie topnika - Pulververbrauch m, Schweißpulververbrauch m
Zwężenie jądra zgrzeiny - Lisenüberschneidung f
Zwiększenie [ilości] węgla - Kohlenstoffaufnahme f
Źródło prądu - Stromquelle f
Źródło prądu cięcia - Schneidstromquelle f
Źródło prądu do spawania łukowego - Lichtbogenschweißstromquelle f, Stromquelle f für das Lichtbogenschweißen
Źródło prądu do spawania w CO_2 - CO_2-Schweißstromquelle f, Schweißstromquelle f für das CO_2-Schweißen
Źródło prądu o stałym napięciu - Konstantspannungsstromquelle f
Źródło prądu z płaską chrakterystyką zewnętrzną przeznaczone do spawania łukowego - Konstantspannungsstromquelle f für das Lichtbogenschweißen
Źródło przemiennego prądu spawania - Wechselstromschweißquelle f
Żeliwo - Gusseisen n, Guss m
Żłobienie elektro-powietrzne elektrodą węglową - Kohlelichtbogen-Preßlufthobeln m
Żłobienie gazowe - Fugenhobeln n
Żłobienie łukiem elektrycznym - Lichtbogen[fugen]hobeln n
Żłobienie spoin od strony grani - Wurzelseitiges Aushobeln n, geschweißter Nähte
Żuraw - Kran m
Żuraw wieżowy obrotowy - Turmdrehkran m
Żużel powstały przy cięciu - Brennschlacke f